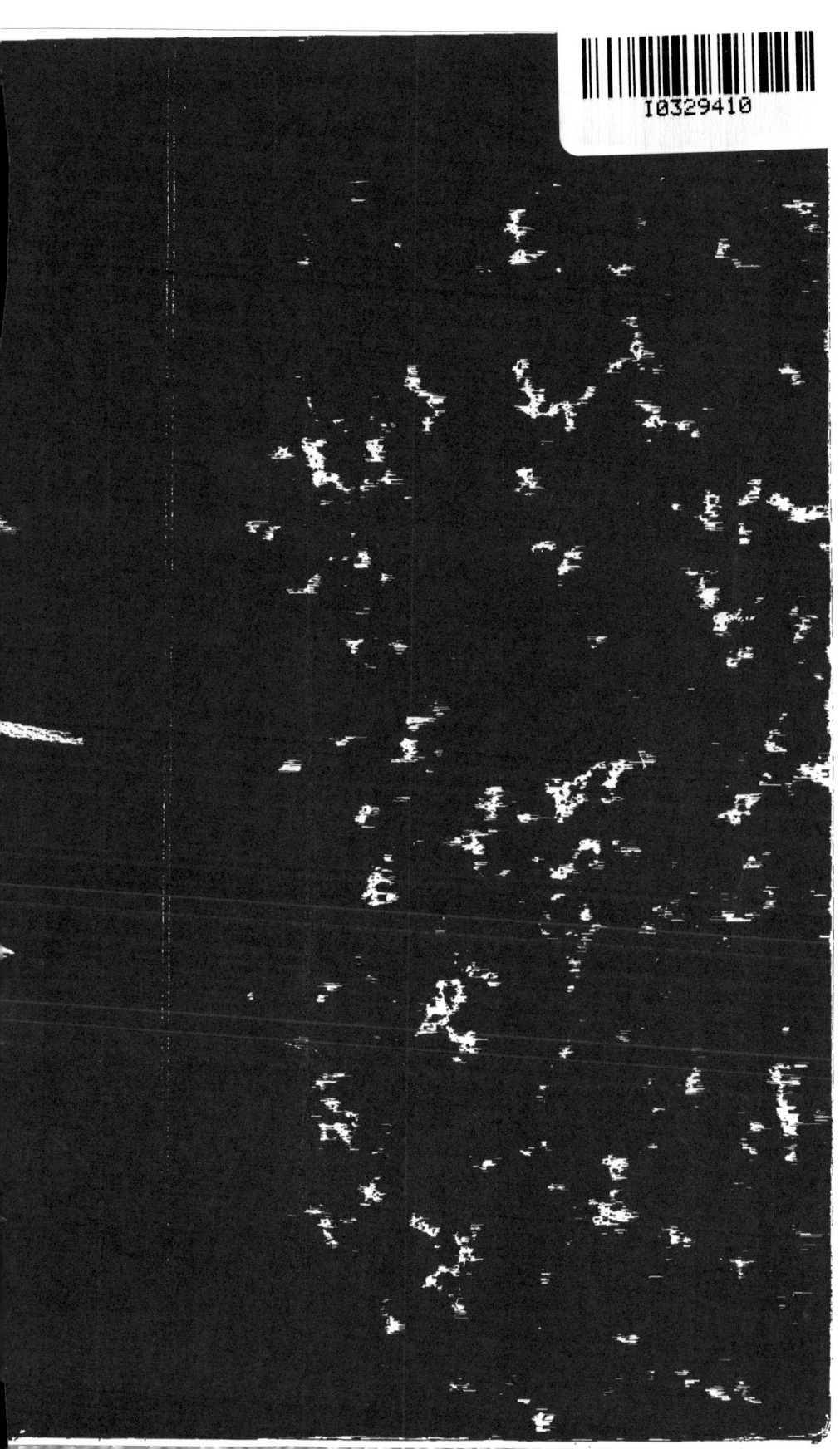

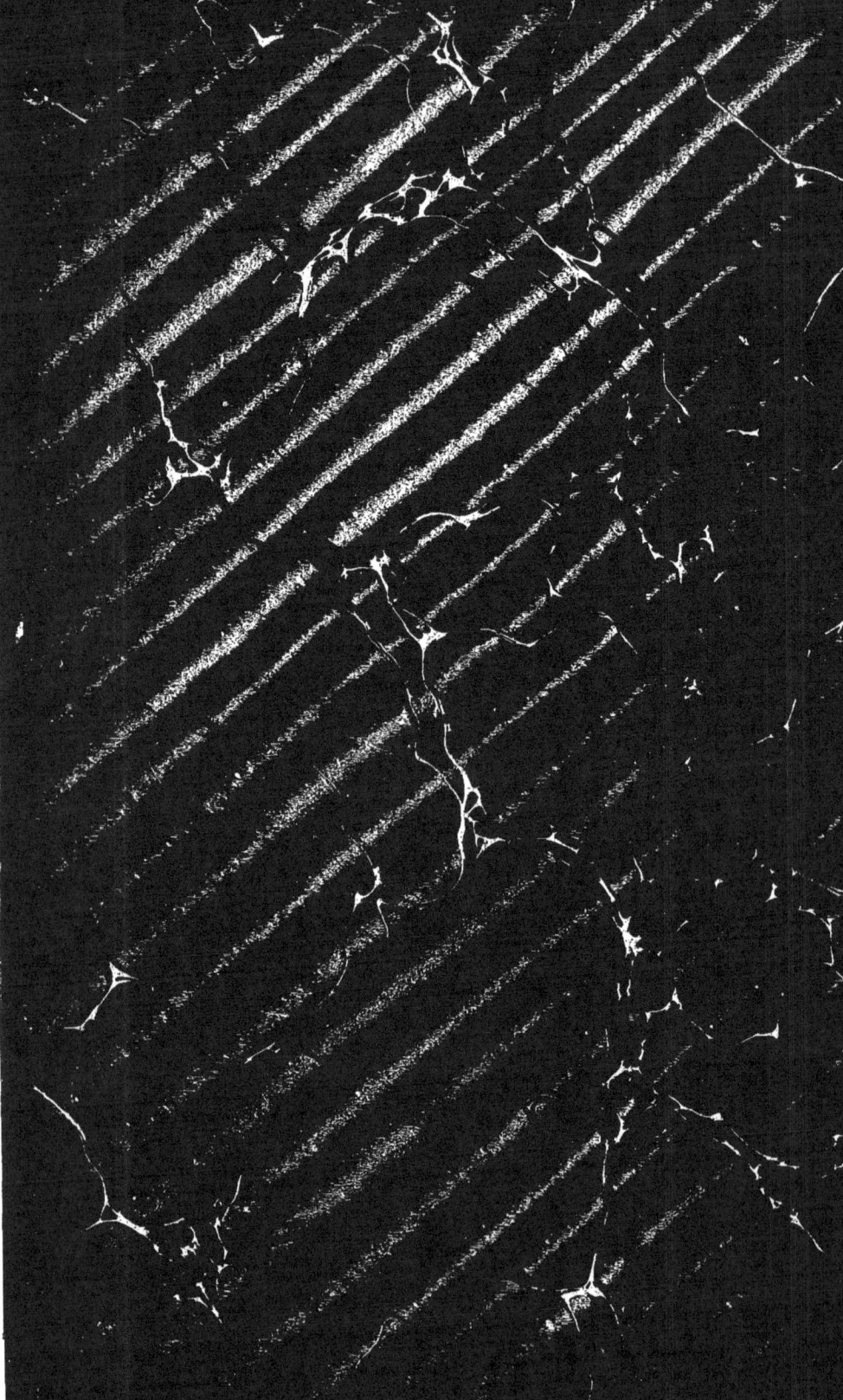

LES ELEMENS
DE LA
POLITIQVE
SELON LES PRINCIPES
DE LA NATVRE.

Par P. FORTIN, *Seigneur de la Hoguette.*

A PARIS,
Chez Antoine Vitré, Imprimeur ordinaire du Roy, & du Clergé de France.

M. DC. LXIII.
Auec Priuilege de sa Majesté.

AVANT-PROPOS.

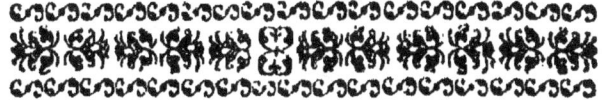L n'y a point d'amour ce me semble, qui nous doiue estre plus naturel, ny qui soit plus digne d'vn homme de bien que celuy de son pays. Celuy du pere & du fils, du mary & de la femme, du frere au frere, de l'amy à l'amy, & du Prince au sujet, n'ont qu'vne simple relation l'vn vers l'autre. Celuy de la Patrie, qui embrasse toutes ces conditions, a quelque chose en soy de plus noble que tous ces autres deuoirs. Cét amour, en toute bonne police, doit

ã ij

AVANT-PROPOS.

estre la principale fin de l'education de tous les jeunes gens, afin qu'ils apprennent de bonne heure l'obligation qu'ils ont au Public, qui est vn tout duquel ils ne sont qu'vne petite partie. Ce monde nous doit estre à tous comme vn grand theatre dans lequel il faut qu'vn chacun de nous soit acteur & spectateur à son tour en faueur de la communauté.

Tout jeune que j'ay esté, ie me suis toûjours proposé quelque employ, dont l'Estat dans lequel ie suis nay peust retirer quelque seruice de moy. Mon pere ne m'en laissa pas le choix au commencement ; mais si-tost que ie fus en ma puissance par sa mort, voyant

AVANT-PROPOS.

que la paix estoit vniuerselle par tout, pour ne demeurer pas oisif dans vn temps si paisible, ie me resolus en 1612. de m'embarquer volontaire dans vn armement par mer qui se faisoit en la coste de Normandie, sous le nom de la feuë Reyne Mere, pour vne descente & vne nouuelle peuplade en Affrique, dans la riuiere de Gambre. Nous partismes de la Hogue pour cét effet ; mais auant que nous fussions hors de la Manche, il y eut si peu d'intelligence entre nostre General & nos autres Chefs, pour estre, comme ie croy, tous nouices dans le mestier de la Marine, qu'il nous fallut relascher en Broüage, &

AVANT-PROPOS.

enuoyer en Cour pour remedier à ce defordre.

Ie fus choifi pour ce voyage, où j'auois affez heureufement reüßi, ayant apporté les ordres du Roy pour accommoder tous leurs differends ; mais à mon retour ie trouuay que noftre General, du baure où il eftoit, s'eftoit mis au large auec vne partie de fes vaiffeaux. Ie fus à fon bord pour le ramener ; ce ic crûs pouuoir faire luy ayant apporté de la Cour toute forte de contentement, & auffi parce que ie fçauois qu'il auoit efté contraint de laiffer en Broüage la Commißion qu'il auoit du Roy ; mais ie le trouuay abfolument refolu de faire voile fans

AVANT-PROPOS.

auoir de Commiſsion, pluſtoſt que de ſe remettre ſous la Couleurine de la place; & moy ie le quittay, pour ne vouloir pas courre auec luy, comme on dit, ſur le bon bord, quoy que mon principal deſſein en ce voyage, euſt eſté d'acquerir quelque experience en la nauigation des vaiſſeaux ronds.

Ie voyois qu'en ce temps-là peu de Gentils-hommes ſe meſloient de la Marine, & que ſi j'auois quelque ſuffiſance en ce meſtier, j'aurois ſujet d'eſperer d'y auoir vn jour quelque employ qui ſeroit conſiderable. Ie ſçauois que la mer battoit aux coſtes de la plus grande partie des Royaumes de l'Europe, & que l'autre partie eſtoit

AVANT-PROPOS.

Infulaire ou Peninfulaire. Ie sçauois que tout l'or des Indes estoit apporté par mer, & que celuy qui en estoit le maistre l'estoit du trafic, qui est la plus riche & la plus certaine miniere d'or d'vn Estat. Ie n'ignorois point que la bataille nauale d'Actium n'eust autrefois decidé de l'Empire du monde, & que le gain de celle de Lepante n'eust arresté le cours du progrez des armes du Turc sur toute la Chrestienté. Toutes ces considerations furent les motifs principaux de mon embarquement en ce voyage, dont le débris qui se fit en Broüage fut cause que d'homme de mer, que ie m'estois proposé d'estre, ie deuins

AVANT-PROPOS.

homme de terre ; Et voicy comment.

En ce mesme temps M. le Mareschal de Saint Luc, qui estoit venu en Broüage par l'ordre du Roy, sur le soupçon qu'on eut de quelque nouueau remuëment de la part de ceux de la Religion dans la Saintonge & l'Aunis, me fit l'honneur de me dire que si ie voulois demeurer auprés de luy, ie n'y serois pas long-temps sans y auoir quelque sorte d'employ. I'acceptay volontiers ce party, & ie commençay deslors à seruir le Roy auprés de luy, & hors d'auprés de luy, non seulement dans toutes les guerres de la Religion, mais dans toutes celles des Princes, qui

AVANT-PROPOS.

furent vne espece de maladie impliquée, qui comme vne fievre d'Estat qui estoit erratique, eut plusieurs accés, & beaucoup de dangereux redoublemens.

Dans les commencemens de guerre que ie vis en ce temps-là, ie reconnus qu'il y auoit peu de gens parmy nous qui entendissent bien ce mestier; ce qui m'obligea de passer en Hollande pour l'apprendre, l'année de la rupture de la tréue entre l'Espagne & les Estats des Prouinces vnies, mais ie n'y fus pas si-tost arriué, que ie sceu la descente du Roy en Guyenne auec vne armée; la redition de Saumur en passant, & les sieges de S. Iean & de Clerac; ce

AVANT-PROPOS.

qui fut cause que ie fis vne si bonne diligence pour mon retour, que j'arriuay volontaire auec Monsieur de Guittaut à celuy de Montauban, le mesme jour de la fougade qui emporta le Marquis de Villars, & le fils aisné du Comte de Riberac, quand le feu se mit aux poudres au quartier des Gardes.

Ie fis encore vn autre voyage dans le mesme Pays au siege de Breda, où toute la jeunesse de la Cour vint aussi; mais cette place n'ayant point esté attaquée de viue force, chacun se sauua de ce blocus comme il pût.

Depuis & auant ce temps-là ie suis tousiours demeuré dans le

AVANT-PROPOS.

seruice, dehors & dedans le Royaume, par mer, par terre, à pied, à cheual, auec charge, ou sans charge; dans l'armée, ou en garnison, jusques en l'année 1639. que ie m'embarquay volontaire auec feu M. l'Archeuesque de Bourdeaux, pour vne entreprise sur la Corogne, qui est vne ville tres-considerable dans la coste de Galice, prés du Cap d'Ortiguieres, dans laquelle ont accoustumé de se faire tous les embarquemens des bisagnes qui passent d'Espagne en Flandres. Cette entreprise ayant mal reüssi, on fut de là à S. Ander, où l'on prit vn Gallion & Larede, vne des principales villes de la coste de

AVANT-PROPOS.

Biscaye, qui fut pillée. Ce voyage de mer fut de quatre mois, qui est le dernier exploit de guerre où ie me suis trouué.

Deslors ie me retiray chez moy, resolu d'y passer en paix le reste de ma vie, & de me marier, quoy que ie fusse en l'âge de cinquante-cinq ans ; pensée que ie n'auois jamais euë auparauant, estant persuadé qu'il n'y auoit rien qui fust plus capable d'auilir le cœur d'vn homme de guerre, qu'vne femme & des enfans. Dans ce dessein ie fus si heureux que Monsieur l'Abbé de Beaumont, qui a esté depuis Euesque de Rhodez, & qui maintenant est nommé à l'Archeuesché de Paris, me fit

AVANT-PROPOS.

l'honneur de me donner vne sœur qu'il auoit, de laquelle j'ay eu cinq enfans, deux filles & trois garçons, qui sont autant d'ostages que j'ay donnez à l'Estat.

L'aisné de mes garçons, apres auoir esté cinq ans Page du Roy dans la petite Escurie, Soldat vn an dans le Regiment des Gardes, où il a veu les sieges de Dunkercke & de Grauelines, & la bataille des Dunes, & auoir esté dix-huit mois dans les Mousquetaires, est maintenant dans vn Royaume estranger Cornette de la Mestre de Camp d'vn General d'vn merite extraordinaire, & de condition; sous lequel il apprend son mestier. Le second de

AVANT-PROPOS.

mes enfans fait dans la Sorbonne ſa premiere année de Theologie; & mon cadet, apres auoir eſté ſoldat vn an, comme ſon frere aiſné, dans le Regiment des Gardes, a eu l'honneur d'auoir entré depuis quatre mois dans la Compagnie des Mouſquetaires du Roy. Ainſi Dieu m'a fait la grace, qu'en l'aage de ſoixante & dixhuit ans que ie cours, nonobſtant l'arriere ſaiſon de mon mariage, ie voy preſentement mes trois enfans faire figure dans le monde, & capables deſia de ſeruir le Roy & l'Eſtat auquel ie les ay tous deuoüez.

I'auois ſi peu d'eſperance d'vne ſi longue vie, que voyant mes

AVANT-PROPOS.

enfans tous jeunes, & moy desia vieux, ie pensay que ie leur deuois laisser en forme de testament quelques Conseils pour leur conduite. Quelques-vns de mes amis, apres les auoir leus, voulurent que ie les donnasse au public ; ce que ie fis, dont le succez fut si heureux, qu'ils receurent vne approbation qui fut assez generale ; & mesme j'ay quelque opinion qu'ils auront procuré l'honneur que i'ay eu d'auoir esté choisi par Monseigneur & Madame de Longueuille pour estre le Gouuerneur de Messeigneurs les Princes leurs enfans.

Ie suis obligé de reconnoistre qu'en cét employ ie n'ay seruy que de chassauant à leurs Altesses,

&

AVANT-PROPOS.

& que ie me suis plus façonné moy-mesme en faisant executer leurs volontez & leurs sages conseils en qualité d'vn fidelle suruelllant, que ie n'ay contribué du mien à former l'esprit de ces jeunes Princes. Les exemples de la pieté & des vertus domestiques qui reluisent dans cette maison, & la pratique de la science du monde qu'ont eu chez eux ces deux jeunes Princes ont fait en eux diuersement leur impreßion selon la differente disposition de leurs esprits, ayant fait de l'aisné, quoy que Nouice encore, vn sujet tres-accomply dans le seruice de IESVS-CHRIST; & du plus jeune qui n'a que quatorze ans, vn enfant si sage & si auisé dans sa petite conduite, qu'il

ẽ

AVANT-PROPOS.

n'y a personne qui ne le regarde comme un fruit qui a toute sa maturité deuant sa saison.

Durant le sejour de quatre ans que j'ay fait aupres de ces jeunes Princes, j'ay recherché quel pouuoit estre le fondement de toute bonne police, pour en tirer quelques preceptes que ie peusse appliquer aux occasions à leur education. Car en effet, la politique est la science que les personnes de condition qui sont appellez plustost que les autres aux grands emplois de l'Estat, doiuent le mieux sçauoir. Apres en auoir fait vne tres-exacte recherche, j'ay trouué qu'il n'y en auoit point de meilleure, ny de plus saine que celle qui estoit le plus conforme à la loy de nature

AVANT-PROPOS.

non corrompuë: & que cette loy non corrompuë, celle de Dieu & de la droite raison, n'estoient qu'vne mesme loy.

I'ay laissé entre les mains de M. Vitré le raisonnement que i'ay fait sur cette matiere, quoy que brut encore & imparfait, & l'ay prié d'examiner auec quelques-vns de ses amis & des miens, s'il y auoit rien en ce traité qui fust contraire aux loix de l'Estat, de la Religion & aux maximes les plus saines de la vie ciuile, afin de le purger des impuretez & des fautes que ie n'aurois pas aperceuës. S'ils trouuent qu'il n'y ait rien qui merite d'estre reietté, ie consens qu'il soit donné au public, afin que l'Estat auquel ie le dedie, iouïsse du

AVANT-PROPOS.

trauail des dernieres, comme des premieres années de ma vie.

Ie deurois auoir quelque confusion de faire voir dans ce petit détail du cours de ma vie, par la mediocrité de la fortune que j'ay faite, le peu de merite que j'ay eu ; mais il me semble qu'il est necessaire qu'on sçache que nous auons fait quelque figure dans le monde auant que d'en prendre congé ; c'est pourquoy ie n'ay point fait de difficulté de m'exposer en veuë, tel que ie suis, en me retirant chez moy, où ie pretends de reseruer pour moy seul & pour mes valets la beßiere de mes années, que ie m'aperçoy sentir desia le rance & le moisy comme font toutes les autres choses qui vieillissent.

TABLE

TABLE DES CHAPITRES.

Chap. I. *Qv'il y a vn Principe de toutes choses, dont l'vnité & la bonté sont indiuises. Et que plus vne chose est vne & simple, plus elle est parfaite.* page 1

Chap. II. *Definition de la Monarchie, qui tire sa perfection de ce qu'elle est plus simple & plus recueillie en soy que toute autre sorte de gouuernement. Et de la necessité de la vie ciuile.* 25

Chap. III. *Qu'il est necessaire de connoistre quelle est la nature de l'homme singulier, auant que de le considerer en societé, afin de voir s'il en est capable.* 44

Chap. IV. *De la famille. De sa definition. Celle d'Aristote & de Bodin rejettées, & pourquoy.* 77

Chap. V. *Comme quoy le monde se peupla. De la confusion des premiers siecles, auant le deluge & apres. Et comme se formerent les premieres Polices.* 91

Chap. VI. *Comme quoy vray-semblablement s'est faite la premiere election du Prince. Et comme se firent les defenses de l'Homicide, de l'Adultere, du Larcin, & du Faux-témoignage.* 106

Chap. VII. *Que ces quatre premieres defenses sont toutes conformes à Nature. De la necessité de leur obseruation: Et quelles ont esté les premieres peines.* 117

Ch. VIII. *Que l'incontinence des ieunes gens choque particulièrement la defense de l'Adultere, & mesme celle de l'Homicide ; Mais*

ẽ iij

qu'enfin sa propre laideur, & les maux qu'elle cause luy seruent ordinairement de remedes. 134

Chap. IX. Comme il y a en nous des appetits naturels qui sont contraires à la societé, il y a aussi en nous quelques regles naturelles de la vie morale qui nous en rendent capables. 157

Chap. X. Que toutes ces defenses sont plustost vne abstinence de mal faire, qu'vne vertu. Qu'il ne suffit pas à l'homme d'y obeyr. Qu'il doit estre officieux. De la necessité des offices mutuels, & des premiers arts. 169

Chap. XI. Les premiers Monarques n'ont point esté violents. Nembrot ne le fut point. Ils ont regné plustost par la force de la raison que par celle des armes. Les effets de l'vn & de l'autre. Quel doit estre vn Prince. 185

Chap. XII. De la profession de la Iustice & des Armes, qui eurent vn mesme commencement; mesmes honneurs; & qui furent exercées par de mesmes personnes; Et comme quoy s'est fait leur diuorce. 203

Ch. XIII. Que la loy humaine a precedé la loy diuine. Des esgaremens de l'esprit de l'homme en la recherche de Dieu. Et des premiers commencemens de l'idolatrie. 224

Ch. XIV. Dieu fut peu connu au commencement du monde. On le connoist en deux manieres; dont l'vne est intellectuelle & l'autre sensible. Il n'y a rien en la loy Chrestienne morale qui ne soit conforme à nature. 243

Chap. XV. Qu'vn Estat ne peut estre heureux s'il ne vit sous vne mesme loy diuine. Qu'il n'y en a point de meilleure que la Chrestienne. Qu'il ne faut point disputer de sa verité. Et des maux que cause la diuersité de creance en la Religion. 265

Ch. XVI. Que selon nature le gouuernement Monarchique est le plus parfait. Que Dieu en a donné l'exemple en la conduite de son peuple. Et que ces mots, Tel est nostre plaisir, sont de son essence. 288

Ch. XVII. Que la Monarchie par succession est meilleure que celle qui se fait par election. Qu'elle appartient au masle le plus proche du sang. Et de l'exclusion des filles. 303

Ch. XVIII. Qu'vn Roy ne peut rendre tout seul la Iustice à ses suiets. Quelles doiuent estre les qualitez de ceux qui sont appellez pour luy ayder. Que la superfluité des officiers de Iustice est plustost tolerée par police que par raison. 314

Ch. XIX. Qu'il n'appartient qu'au Roy d'ordonner de l'employ & de la vacation d'vn chacun. Et que nous sommes tous capables de faire toutes sortes de mestiers. 350

Chap. XX. Que l'experience a fait reconnoistre le peril qu'il y a de trop agrandir vn suiet, & de laisser faire à vn Ministre toutes les fonctions royales. 380

Ch. XXI. Des qualitez que doiuent auoir ceux qui sont du Conseil des Roys; & qu'elles doiuent estre conformes à celles de l'esprit du Prince. 410

Ch. XXII. Des Finances, & des moyens les plus vtiles pour chastier les Partisans, & les gens d'affaires, qui ne font que les leur, par la loy de la censure. 433

Ch. XXIII. Que le Prince & le suiet ne peuuent estre heureux, s'ils ne iouïssent auec la paix de l'Estat, de celle de leur conscience. 457

Fin de la Table des Chapitres.

Extraict du Priuilege du Roy.

LE Roy par ſes Lettres patentes à permis à Antoine Vitré ſon Imprimeur ordinaire, & du Clergé de France; d'imprimer, vendre & diſtribuer vn Liure intitulé : *Les Elemens de la Politique, ſelon les principes de la Nature;* compoſé par P. FORTIN, *Seigneur de la Heguette :* & ce pour le temps & eſpace de vingt ans ; Auec defenſes à tous autres de les imprimer, faire imprimer, & contrefaire, ny d'en auoir d'autres que de l'impreſſion dudit Vitré, à peine de trois mille liures d'amende, confiſcation des Exemplaires, deſpens, dommages & intereſts ; comme il eſt porté plus à plein par leſdites Lettres, données à Paris, le 9. Auril 1663. Signées, Par le Roy en ſon Conſeil, CHARLOT. Et ſeellées.

Acheué d'imprimer pour la premiere fois le 14. Auril 1663.

Les exemplaires ont eſté fournis.

LES ELEMENS
DE LA
POLITIQVE
SELON LES PRINCIPES
de la Nature.

Chapitre Premier.

QV'IL Y A VN PRINCIPE de toutes choses, dont l'vnité & la bonté sont indiuises. Et que plus vne chose est vne & simple, plus elle est parfaite.

A difference qu'il y a entre toutes les choses qui sont au monde les tiendroit dans vne continuelle diuision sans auoir jamais de paix, de liaison, ny de rang entr'elles, si

A

toutes elles n'auoient vn seul & commun principe, qui dans la dependance qu'elles ont de luy ne fist leur commune reünion. Il est absoluëment necessaire, que puis qu'il y a vn dernier, il y ait vn premier. Que tout ce qui est au dessous soit soûmis à ce qui est au dessus de luy, & qu'il y ait vne subordination dont le progrés se fasse de proche en proche, jusques à ce qu'on ait rencontré quelque terme independant, qui sous ce respect, soit dans la nature des choses le premier en ordre. Pour estre Independant, il faut de necessité qu'il ait son existence en soy-mesme. Qu'il n'ait rien de commun auec le reste que sa presence seule, de laquelle toutes choses ont besoin. Qu'il soit si simple, qu'il ne puisse estre compris de nostre entendement, ny exprimé par la parole, estant au dessus de tout ce qui se peut dire & penser; parce que s'il n'est dégagé de toute composition, & qu'il ne soit absoluëment simple & premier, il ne peut estre principe, ce qui n'est point simple estant necessiteux des choses dont il est composé, & ce qui n'est point premier estant soûmis à tout ce qui le precede.

Ainsi cette Nature independante ne se peut regarder que comme vne hauteur inaccessible, laquelle plus on la veut considerer, plus elle paroist hors de toute mesure. Voicy la seule atteinte que l'esprit de l'homme luy peut donner, à sçauoir que comme

A ij

pour se representer quelque sujet intelligible il faut rejetter hors de nous l'image sensible de la mesme chose, & alors il se forme en nous vn concept qui est au dessus de nos sens. Ainsi pour faire quelque decouuerte de ce Principe independant, il le faut considerer au dessus de toute intelligence, & rejetter hors de nous toutes les formes que l'imagination en peut conceuoir en se representant qu'il n'est rien de tout cela. Alors il semble qu'en cette exclusion il reluit vn rayon de son existence, par vne negatiue, qui n'ayant pû determiner ce qu'il est, ny quel il est, le demontre en quelque façon comme vn Principe independant, duquel tout depend estant principe, & auquel on ne peut rien attribuer qui luy soit propre estant Independant.

Cecy est merueilleux, qu'encore que Dieu ne puisse estre exprimé, il n'y a rien en nature, tant petit soit-il, dans lequel l'empreinte de sa ressemblance ne paroisse, *Signatum est super nos lumen vultus tui, Domine* : & non seulement en l'homme, mais jusques aux moindres creatures. Le point mesme qui est vn espece de neant tant il est mince, estant le commencement d'vne quantité continuë sans estre vne quantité, nous le designe en quelque façon ; & son immobilité dans le cercle autour duquel & vers lequel se fait la reuolution, nous est vne image sensible du principe fixe & immuable, duquel sans se mouuoir procede le mouuement de toutes les choses creées, & vers lequel toute leur action se rapporte, sans qu'il agisse que de sa presence seule, estant leur commencement & leur fin.

Il est permis d'examiner de proche en proche comme quoy tout procede de ce Principe immobile. Ie considere premierement que toutes les choses naturelles ont de leur essence propre cette vertu innée de pousser au dehors d'elles vne autre nature qui en depend, qui est la representation de la mesme puissance d'où il fait cette emission : par exemple; la glace, toute stupide & engourdie qu'elle est, ne conserue pas sa froideur en soy seulement, elle la communique aussi aux choses qui luy sont contiguës; le parfum fait la mesme chose, qui retient en soy & pousse autour de soy son odeur, qui est sa ressemblance. Il sort du feu vne effusion de chaleur, & du Soleil vn écoulement de lumiere qui n'est ny feu ny Soleil, mais leur image. Tout corps mesme qui, comme la matiere, est le dernier en ordre dans l'Vniuers fait son ombre qui est sa representation.

Ainsi selon nature chaque chose en produit vne autre qui depend d'elle, dont la descente de haut en bas decline en cette multitude d'estres, desquels nous voyons que l'Vniuers est rempli, & le retour de bas en haut, d'estage en estage remonte par degrez jusques à vn principe qui ne peut estre produit, qui est le dernier terme où finit cette gradation de dependance, & par lequel toutes choses sont ce qu'elles sont. Car de s'imaginer que cét Estre souuerain soit oisif & infecond, comme quelques-vns l'ont resvé; & que la seule Puissance souueraine, de laquelle toutes les autres ne sont qu'vne imitation, demeure seule dans l'impuissance de produire son image; cela ne se peut soustenir, parce que ce seroit aneantir tout principe; car dequoy seroit-il principe s'il ne produisoit rien ? Il arriueroit aussi qu'en ostant cette subordination, au lieu que tout est de Dieu, chaque chose subsisteroit par elle-mesme. Quiconque admet vn premier, suppose necessairement vne suite en laquelle les choses qui sont immediatement apres le premier, ont plus ou moins de dignité selon leur rang.

Les Platoniciens, qui de tous les Philosophes ont esté les plus penetrans en la recherche de l'essence de Dieu, nous le representent comme vne Vnité tres-simple & immobile, de laquelle il se respand vn torrent de lumiere immaterielle, qui est son Intelligence. Ce qui s'accorde en quelque façon aux saintes Lettres, qui nous apprennent que le premier acte de Dieu dans l'œuure de la Creation, fut celuy de la lumiere; ce qui ne se peut entendre que d'vne lumiere intellectuelle, parce que le Soleil, les Estoilles & la Lune, d'où deriue la source de la lumiere sensible, n'ont esté creez que le quatriéme jour. Cette opinion a quelque rapport aussi au buisson ardant & parlant qui s'apparut à Moyse en la montagne d'Oreb, & luy donna l'intelligence de ce qu'il auoit à faire en Egypte ; & s'il est permis de le dire, elle a plus de rapport encore à ce qui se fit en la Transfiguration du Fils de Dieu, quand sa face apparut plus claire que le Soleil, & qu'il sortit d'vne Nuë remplie de lumiere, vne voix, disant, C'est icy mon Fils bien-aymé, lequel Fils la Theologie nous apprend estre l'Intelligence du Pere.

Quoy qu'il paroisse qu'il y ait de la temerité de vouloir penetrer en ce qui est de la nature de Dieu, il semble toutefois qu'il y a quel-

DE LA POLITIQVE. 11

que obligation à la creature d'employer toutes les puissances de son ame pour tascher de connoistre son Createur. Or comme il n'y a rien de plus merueilleux en tout ce qui tombe sous les sens, que la lumiere laquelle irradie toutes les parties du monde inferieur, & s'insinuë imperceptiblement en elles pour les viuifier, il semble qu'on a eu quelque raison de se representer Dieu comme vn Principe duquel il sourd vne effusion de lumiere qui l'enuironne, & se figurer que cette effusion de lumiere increée est vne intelligence essentielle & indiuise d'auec luy. Parce que si elle estoit produite elle le seroit auec mouuement, & par consequent il y auroit quelque alteration en Dieu, lequel est vne Vnité si simple, & tellement dégagée de toute composition, que mesme ie ne puis dire ny penser de luy qu'improprement, que ce soit vne hauteur inaccessible, vne essence indiuisible, & vne puissance infinie, de peur qu'en cela mesme il ne paroisse que ie vueille composer son essence, ou reduire son immensité sous quelque sorte de mesure.

En effet, encore que Dieu soit ineffable, s'il y a quelque attribut qui luy puisse conuenir, ce doit estre celuy de l'Vnité, laquelle, quoy qu'elle soit vne exclusion de toute multitude, ne laisse pas d'en estre le commencement & la fin. Ainsi Dieu est le terme fixe d'où se produit la multitude de toutes les choses creées, & où elles se terminent toutes, sans qu'il y ait aucune diuision en son Vnité. C'est pourquoy la secte la plus saine & la mieux esclairée de tous les Philosophes anciens, qui a esté celle de Pytagore, a reconnu Dieu sous le nom d'Apollon, qui signifie vne priuation de toute pluralité. Et non seulement cette secte de Philosophes, mais vne partie aussi de l'Antiquité a reueré le Soleil sous le mesme nom d'Apollon, s'accordant en cela auec les saintes Lettres, qui pour nous donner, sous vn signe visible, quelque indication de la nature inuisible de Dieu, nous enseignent qu'il a mis son Tabernacle dans le Soleil. Parce que comme le Soleil & l'emission de lumiere qui sort du corps du Soleil

& qui fait sa reflexion vers luy, sont trois choses qui, quoy que distinctes entr'elles, demeurent indiuises sous l'vnité d'vn seul principe qui est le Soleil. Ainsi cét exemple sensible nous exprime en quelque sorte comme quoy l'intelligence du Fils qui sort du Pere, & qui produit le saint Esprit en sa reflexion vers le Pere, concilie l'vnion qui se fait de la diuine Trinité sous l'vnité d'vn seul Dieu.

Si donc la diuine Trinité mesme ne subsiste qu'en son vnité, & qu'il n'y ait aucun estre immateriel ou materiel qui puisse exister qu'entant que la multitude de ses facultez ou de toutes ses parties est reduite sous l'vnité, il s'ensuit de là qu'il n'y a rien qui ne se forme, ne se distingue, & qui ne se conserue par elle. Ce qui ne pourroit estre, si comme tres-simple & premiere, elle ne se communiquoit à chaque chose, demeurant indiuisible en elle-mesme.

Qu'ainsi ne soit, quand ie dis vn corps, vn esprit, ce mot, vn, n'est ny corps ny esprit, parce que s'il estoit l'vn ou l'autre, il ne pourroit conuenir à deux natures opposées, qui sont le corps & l'esprit; & partant il semble que ce mot, vn, qui s'applique à tout, represente en quelque maniere la premiere vnité de Nature.

Or comme il n'y a rien de plus simple que le vray bien, qui ne peut estre souuerain qu'entant qu'il suffit à foy-mesme : & qu'il n'y a rien aussi de plus simple que l'vnité à laquelle on ne peut donner de parties, ny la diuiser sans la destruire, il s'ensuit de là que l'vnité & la bonté souueraine constituënt sans diuision ce qui est le premier en ordre dans la nature des choses, sinon il faudroit admettre deux principes au lieu d'vn.

Cette vnité & cette bonté souueraine & premiere ne peut estre consideree que sous vne forme qui soit desgagée de tout sujet & de toute composition, parce que si elle estoit en quelque sujet, elle ne seroit plus simple : Si aussi elle entroit en quelque composition, deslors elle seroit imparfaite, estant reduite sous la forme du sujet qu'elle composeroit. Ainsi la bonté & l'vnité demeurent indistinctes

DE LA POLITIQVE. 17

diſtinctes entr'elles en leur ſimplicité; autrement l'vne d'elles ſeroit de la ſuite de l'autre, d'où il arriueroit qu'eſtant diuiſées, l'appetit de nature, par lequel chaque choſe tend autant qu'elle peut à maintenir ſon bien & ſon vnité, ſe relâcheroit. Cét appetit de conſeruer ſon bien & ſon vnité, eſt vniforme & vniuerſel en toutes choſes creées, parce qu'il procede d'vn principe qui eſt Dieu, dans lequel l'vnité demeure toûjours indiuiſe d'auec ſa bonté. Nous en voyons vn exemple en la creation du monde, en laquelle lors que Dieu eut fait la lumiere, le firmament du Ciel, les deux grands Luminaires, les Eſtoilles, l'Homme: & qu'il eut commandé à la terre & à l'eau de produire

B

toute herbe verdoyante, toute plante portant fruit, & tout animal viuant en elles selon son genre & selon son espece, toutes lesquelles choses furent autant d'vnitez, il vid, dit l'Escriture, que tout ce qu'il auoit fait estoit bon, & tres-bon, parce que toutes ces creatures, estant l'ouurage de son vnité, qui est indiuise d'auec sa bonté, receurent en ce moment leur vnité singuliere de ce diuin Principe, qui est leur commencement & leur fin, non seulement pour estre, pour viure, pour agir, pour auoir de la raison & de l'intelligence; mais pour bien estre, bien viure, bien agir, bien raisonner, bien entendre, & faire en leur plus grande perfection toutes les fonctions dont elles estoient capables.

En effet l'indiuisible vnion de la bonté auec l'vnité ne procede point d'ailleurs que de ce qu'il y a vne vnité & vne bonté fouueraine, laquelle est toûjours recueillie en soy pour se maintenir en sa perfection, & tousjours diffuse dans tous les estres, pour leur communiquer auec son vnité sa bonté, sans qu'elle s'épuise, ny qu'elle entre en aucun mélange auec eux, tant elle est abondante & simple.

Et d'autant que cette vnité & cette bonté souueraine est eternelle, quoy que la matiere des choses temporelles soit si fluide, qu'on ne puisse juger si ce qui se fait d'elle est corruption ou generation, elle empesche toutefois, par vne suite de moments, qu'elles ne disparoissent comme le temps, dont elles suiuent le cours, jusques à ce que la nature ait substitué en leur place quelque nouuelle generation.

Il est certain que cette vnité & cette bonté souueraine s'abysmeroit dedans sa propre profondeur, si elle ne se respandoit dans toutes les vnitez subalternes qui viennent d'elle, comme en estant le principe & la fin. Son progrés se fait auec vn tel ordre, que plus vne chose approche de l'vnité simple, plus elle est vne en soy, & par consequent plus parfaite; & qu'à mesure aussi qu'elle s'esloigne de l'vnité simple, moins elle est bonne, & moins elle a de perfection. Et finalement s'il arriue que la multitude des parties dont vne chose est composée, soit tellement espanduë, qu'il ne paroisse plus d'vnion entre elles, il resulte de là vne confusion vague & indeterminée, qui est entre les maux le dernier mal, comme l'vnité premiere & simple est le premier bien entre les biens.

Si donc cette maxime, tirée des principes de Nature, que plus vne chose est vne & simple en soy, plus elle a de perfection, est vne verité infaillible, il est constant que tout Estat Monarchique, qui dans l'vnité de son Prince represente vne premiere vnité, doit estre le plus parfait & le plus conforme à Nature que toute autre forme de gouuernement. Mais comme il n'y a rien que Dieu seul qui puisse conseruer son vnité, il se fait quelquefois vne rebellion des parties principales d'vn Eſtat contre leur Chef, qui veulent entrer dans la communauté du gouuernement, leſquelles, quoy que reduites ſous vn ſeul conſeil, ne conuiennent pas toûjours entr'elles quand il eſt queſtion de reſoudre & de decider vne affaire qui ſoit importante. Ce qui fait que cette ſeconde forme de gouuernement eſt en ſa diuiſion plus imparfaite que la premiere. Ioint auſſi que du gouuernement des Grands qui a desja fait vne rupture dans l'vnion de la Monarchie, le pas eſt plus gliſſant dans vn Eſtat populaire où chaque perſonne particuliere doit auoir dans les affaires ſes ſuffrages & ſa voix; Et d'autant que le peuple eſt vne beste à plusieurs testes, susceptible d'vne infinité de differentes opinions, il arriue souuent que de cét Estat populaire, on tombe souuent aussi dans vne anarchie, qui est vne confusion d'hommes viuans en desordre, où chaque personne veut commander, & pas vne ne veut obeïr, qui est la pire de toutes les conditions où l'homme se puisse rencontrer.

Sur ces deux fondemens que ie viens de poser, dont l'vn est l'indiuision de l'vnité d'auec la bonté, qui ne se quittent jamais; & l'autre est l'indiuision du mal d'auec la confusion qui procede de la multitude, qui sont inseparables aussi, j'ay formé le projet de ce discours Politique, pour faire voir quelle est la perfection de l'Estat Monarchique au dessus de toute autre forme de gouuernement. I'en ay fait l'ouuerture par la demonstration d'vn premier principe, & ie fay voir dans ce premier Chapitre, que son vnité & sa bonté, qui ne sont qu'vne mesme chose, se communiquent indiuisément en toutes les choses creées, dont l'estre & le bien consistent en leur vnité.

CHAPITRE. II.

DEFINITION DE LA MONARCHIE, qui tire sa perfection de ce qu'elle est plus simple & plus recueillie en soy que toute autre sorte de gouuernement. Et de la necessité de la vie ciuile.

TOVTE Monarchie pour estre bien definie doit estre vne societé de plusieurs personnes, familles, Villages, Villes, & Prouinces, reduites ensemble sous vn deuoir mutuel, & sous l'vnité d'vne loy humaine & diuine, qui soit commune à tous, & sous le commandement d'vn seul, auquel ait esté donné par vn consentement public, ou par vn droit successif, vn pouuoir absolu de faire obseruer cette Loy, pour le bien particulier & le bien general d'vn chacun.

Ie donne à cette definition beaucoup plus d'eftenduë que tous ceux qui ont traité de la Politique, parce que ie trouue que la Monarchie ne peut auoir de fondement qui foit folide, legitime, & conforme à la nature que fous toutes ces conditions.

C'eft pourquoy ie louë Dieu de m'auoir fait la grace d'eftre nay fous cette forme de gouuernement que ie trouue fi parfaite, qu'à fon refpect il me femble que toute forte de police n'eft que baftarde & illegitime, parce qu'il n'y a que celle-là feule, qui reprefente fous l'vnité d'vn Roy, l'vnité de Dieu; & fous la relation de toutes les parties de fon Eftat à luy feul, le rapport qu'ont toutes les parties de l'Vniuers à vn seul principe. La durée de nostre Monarchie, qui est à peu prés de douze cents trente-cinq ans, fait voir l'excellence de cette police, & que le fondement en a esté bien posé, puisque la translation de l'autorité Royale, en trois differentes races, n'y a point apporté de changement. Et que la minorité de plusieurs Roys, l'imbecillité de quelques-vns, leur demence, tant de seditions, tant de guerres ciuiles, estrangeres & de Religion; tant d'abcez qui se sont formez & se forment à toute heure dans le corps de l'Estat, n'ont point empesché que nos Loix qui en font la baze, ne subsistent encore auec la mesme force & vigueur qu'elles eurent sous le premier de nos Roys. L'Histoire remarque qu'il eut le nom de Pharamond ou Warmont qui veut dire en vieux langage, bouche de verité, qui eſt vne qualité ſi excellente à vn Roy, que Dieu n'a pas deſdaigné de ſe l'attribüer à luy-meſme, en diſant qu'il eſtoit la Verité.

Les Politiques nous apprennent qu'il y a trois ſortes de Gouuernement, celuy d'vn ſeul, de pluſieurs, & de tout vn peuple; la plus excellente doit eſtre apparemment celle dont toutes les parties ſont reduites ſous l'vnité d'vne ſeule teſte; des deux autres, l'vne eſt vn corps à pluſieurs teſtes, & l'autre eſt vn tout, lequel a autant de teſtes que de corps, & par conſequent leur vnité eſtant moins vne & ſimple que celle de la Monarchie doit auoir moins de perfection qu'elle. Ce n'eſt pas que la Monarchie ne ſoit compoſée d'vn nombre infiny d'vnitez, comme de pluſieurs Familles, Villages, Villes, & Prouinces, mais toutes ces vnitez ont vne telle ſubordination entre elles & leurs chefs, que leur tout ſe reduit ſous l'vnité d'vn ſeul Eſtat & d'vn ſeul Commandant qui eſt le Roy; Tout corps qui fait teſte par tout, comme fait l'Eſtat populaire, n'eſt qu'vn monſtre; c'eſt pourquoy cette forme de gouuernement tient plus de l'anarchie que d'vne Police bien reglée. Tout corps à pluſieurs teſtes, comme l'eſt l'Ariſtocratie, a pluſieurs defauts auſſi. Le reſultat de ſes conſeils eſt plus difficile à prendre en ce qu'il arriue fouuent qu'au lieu de refoudre on contefte. Le fecret qui eft l'ame d'vn Confeil, y eft moins fidellement gardé, & il fe peut faire auffi, qu'outre les interefts de l'Eftat, chaque particulier ait les fiens; & alors cette forme de Police a autant de Tyrans que de Confeillers. La Monarchie n'eft point fujette à tous ces accidents, en laquelle il n'y a que le Prince qui juge feul de ce qui a efté deliberé en fa prefence. Il difcute les aduis, il les pefe & les refoult feul, fi ce n'eft qu'il luy plaife d'en conferer auec quelques-vns de fes plus confidents, auant que de les mettre en execution. Que s'il arriue qu'il abufe de fon autorité abfoluë, encore vaut-il beaucoup mieux eftre exposé à la temerité d'vn seul Maistre, que de plusieurs. Puis donc que l'homme est selon la disposition de nature obligé de viure en societé, & qu'en toute societé il doit y auoir vne loy de direction & de superiorité, il luy est plus aduantageux de se trouuer sous la puissance d'vn seul Directeur, ou de quelques-vns des Grands, que d'estre nay dans vn Estat populaire, où chaque particulier est assujetty sous autant de Maistres qu'il y a d'hommes qui composent le corps de cét Estat.

La Sapience diuine en l'œuure de la Creation, apres auoir creé la terre, ne voulut pas la remplir d'vne multitude confuse d'hommes & de femmes nais en vn instant, pour éuiter le desordre que pouuoit causer le partage des fruicts, & le choix des femmes, & du lieu de leur habitation. Parce qu'en venant au monde sans loix, sans discipline, tous égaux, & tous d'vne ventrée, pas vn d'eux n'eust voulu ceder à son compagnon, d'où il pouuoit arriuer vne tuërie pareille à celle que les Poëtes nous ont representée dans les fables de Cadmus & de Medée, en la naissance tumultueuse de quelques hommes, qui sortant de la terre tous armez, s'entretuerent tous les vns les autres.

La mesme Sapience, pour mieux concilier nostre societé, ne voulut pas non plus, en faisant l'homme, tenir le mesme ordre qu'elle auoit tenu en la creation de tous les autres animaux, dont elle fit
en

DE LA POLITIQVE.

en mesme temps vn couple de chaque espece, masle & femelle. Quand elle le crea, quoy qu'il soit de tous les animaux le plus sociable, elle le crea seul au commencement, afin que sous le respect d'vn seul principe, l'vnion qu'elle vouloit establir entre les hommes fust entretenuë; & qu'estant le seul pere commun de tous ses descendans qui sont confreres entr'eux, nostre filiation, qui s'est prouignée depuis cette premiere souche jusques à nous, nous fust à tous vn plus estroit lien de dilection.

Apres cette premiere creation de l'homme, Dieu vid, dit l'Escriture, qu'il n'estoit pas bon qu'il fust seul, c'est pourquoy il en fit vne seconde en sa faueur, qui fut

C

celle de la femme, qu'il tira de son cofté, afin qu'elle fuft & fa compagne & qu'elle luy fuft foûmife comme eftant venuë de luy. Et d'autant que cette focieté, qui n'eftoit compofée que de deux perfonnes feulement, eftoit imparfaite à caufe du petit nombre des affociez, il leur commanda de l'accroiftre & de la multiplier, pour former dans la recreuë de leurs enfans, le premier corps d'vne focieté complete qui eft la famille. Toutes les autres familles qui fe font prouignées de celle-cy, n'ont efté compofées que des mefmes parties, à fçauoir du pere, de la mere, & des enfans, lefquelles ayant efté reduites enfemble fous le commandement d'vn feul, comme chaque famille l'auoit esté sous celuy du pere, ont donné la premiere forme à l'Estat Monarchique, qui est le plus parfait de tous.

Cette jonction de familles, pour composer vn seul corps, ne procede que d'vn appetit de nature, qu'ont toutes les choses homogenées de se reünir entr'elles, pour se mieux conseruer. Sous ce respect la terre se reünit à la terre, l'eau à l'eau, l'air à l'air, le feu au feu, l'homme à l'homme, & chaque espece d'animal à son espece, qui sont toutes bestes de compagnie.

Que s'il y en a quelques-vnes, qui pour estre trop sauuages & farouches sont incapables de societé, comme le sont les Tygres, les Lyons, les Ours, les Loups,

& tous oyfeaux qui ont les ongles ou le bec crochu, c'eft vn effet de la bonté de nature, qui les a renduës infociables entr'elles pour les affoiblir en noftre faueur. Elle a voulu auffi que tous les oyfeaux de mauuais prefage fuffent folitaires; & relegue toutes fortes de ferpens, de crapaux & de beftes venimeufes, chacune en fon cachot, comme eftant fon plus vil & fon dernier excrement.

Les Freflons, les Guefpes, & ces petits effains de moufcherons qui ne viuent qu'vn inftant, ont vn eftre plus parfait que ces animaux feroces & immondes, en ce qu'ils paffent en focieté le moment de vie qui leur a efté donné par la nature.

Enfin la focieté d'efpece à efpece, & des parties auec leur tout, est tellement necessaire, que là où elle manque il semble que la nature defaille aussi. L'œil separé du corps n'est plus vn œil, ny la main couppée n'est plus vne main, ce ne sont plus que parties mortes, qui dans leur separation d'auec leur tout, ont perdu leur nom auec leur fonction. Il en est ainsi de l'homme insociable, qui est vne partie si morte à ses autres parties, que tant s'en faut qu'il soit vn Dieu ou vne beste, comme l'a dit Aristote, qu'il ne merite d'estre consideré dans le monde, que comme ces animaux renfermez en leur coquille, qui n'ont ny vie ny mouuement que pour eux.

Tout bien consideré, il n'y a

point d'animal qui selon nature doiue estre plus sociable que l'homme, parce qu'outre la voix qui luy est commune auec les brutes, pour exprimer comme elles le sentiment de ce qui le fasche, ou de ce qui luy est agreable, il a encore au dessus d'elles l'vsage de la parole, qui est vn agent si necessaire en la societé, que sans elle on ne peut determiner ce qui est juste, d'auec ce qui ne l'est pas, ny consulter ensemble de ce qui se doit faire, ou laisser pour l'vtilité commune. Par son moyen l'ame se communique à l'ame, on se consulte & on s'instruit l'vn l'autre, auec vn deuoir que la nature a voulu estre si reciproque, que celuy qu'elle a rendu incapable de me conseiller par le defaut de sa parole, elle l'a rendu inhabile aussi à receuoir mon conseil par le defaut de son oüie, comme si elle vouloit designer que nous fussions quittes de nostre assistance enuers celuy qui n'est pas capable de nous donner la sienne, tant elle est exacte à faire obseruer le deuoir respectif qui est le nœud de toute societé.

La force de la societé se manifeste particulierement en la compassion mutuelle que nous auons l'vn pour l'autre, dont l'effet est si prompt & si soudain, que souuent sans en auoir aucun sujet l'homme rit, pleure & s'attriste de compagnie. Encore que toutes mains soient semblables, & que tous esprits, par le moyen de la raison, soient capables de toute sorte de manufacture & de discipline, nous voyons neantmoins que la Nature a voulu diuiser les fonctions de l'vn & de l'autre, en donnant à la main & à l'esprit de l'homme vne differente application, quelque ressemblance qu'ils ayent. Pourquoy cette differente application, si ce n'est pour nous reduire en la necessité de nous entr'ayder par vn commerce de seruices respectifs, vn chacun de nous ayant besoin à toute heure de l'art & de l'industrie de son compagnon.

L'ayde mutuel est vn seruice que la Nature a rendu commun également à toutes sortes d'animaux comme à l'homme, jusques aux insectes. Les Abeilles s'entr'aydent à bastir leurs petites cel-

DE LA POLITIQVE. 41
lulles, & à les difpofer auec ordre. Les Fourmis vont au fecours l'vn de l'autre, pour faire leur logement & l'amas de leurs prouifions. Chacun de ces petits animaux a fa fonction particuliere en faueur de la communauté. Pas vn ne chomme, tous trauaillent jufques à vne certaine heure, qui au dedans, qui au dehors. Ils ont des appartemens differents pour leurs prouifions ; l'vn porte des viures, & l'autre de la paille & du fable, jufques à auoir le foin de retirer leurs morts ; ce qui nous doit faire croire qu'il y a quelque police parmy eux. Car de s'imaginer qu'ils laiffent en confufion tout ce qu'ils apportent dans le lieu de leur retraite, fans qu'il y ait quelques magazins feparez pour con-

seruer chaque chose, ny qu'ils se logent en desordre les vns sur les autres, & leurs morts auec eux, il n'y a pas d'apparence. Si donc il y a quelque ordre parmy eux, cét ordre qui n'est point fortuit, est vne loy de direction: Il n'y a point de direction qu'il n'y ait vn directeur, & par consequent il est vray-semblable que les Fourmis ont leur roy comme les Abeilles, & qu'en leur police, comme en la nostre, outre leur ayde mutuel, il doit y auoir vn seul commandant, & des sujets qui luy obeïssent.

Et d'autant qu'il est icy question de reduire l'homme sous le commerce de la vie ciuile, j'ay pensé qu'il estoit necessaire d'examiner auparauant quelle est sa nature, quelle est l'alliance de l'ame auec le corps qui conſtituë ſon eſſence, quelles ſont ſes paſſions, quel eſt leur vray vſage, quel eſt leur abus: Si le peu d'intelligence qu'il y a entre la partie ſenſitiue & la raiſonnable ſe peuuent accorder, quel moyen il y a de les concilier; parce que ſi la paix ne ſe faiſoit entr'elles l'homme ſeroit priué du bien & de l'vnité ſpecifique de ſon eſſence, qui conſiſte à eſtre raiſonnable, & par conſequent il ſeroit incapable de toute ſocieté. L'examen de toutes ces choſes ſeruira de ſujet au Chapitre ſuiuant.

CHAPITRE III.

QV'IL EST NECESSAIRE DE connoiſtre quelle eſt la nature de l'homme ſingulier, auant que de le conſiderer en ſocieté, afin de voir s'il en eſt capable.

LE moment auquel ie me ſuis propoſé de traiter de ces Elemens Politiques, qui m'a eſté vn inſtant imperceptible, me découure en quelque façon qu'il y a vn point fixe en Nature duquel toutes choſes procedent, & qui leur tient lieu de commencement. Pareillement la penſée que j'ay de l'ordre que ie veux tenir, duquel il y a quelque intelligence en moy, m'eſt vne indication qu'il y a quelque ordre & quelque nature intelligente détachée de la matiere qui eſt au deſſus de

DE LA POLITIQVE. 45
la mienne, de laquelle il s'est respandu quelques rayons jusques à
moy: car d'où me seroient venuës
ces notions de principe d'intelligence & d'ordre, dont ie trouue
que mon ame est originairement
imbuë, si ces choses-là n'auoient
point vne existence réelle en elles-mesmes. En troisiesme lieu,
quand ie fais vne reueuë sur tout
ce qui se presente à mes sens, soit
que ie monte des choses singu-
lieres aux vniuerselles, ou que ie
descende des vniuerselles aux sin-
gulieres, ie m'apperçois en cela
qu'il y a en moy vne puissance
discursiue que nous appellons raison, laquelle peut bien examiner
toutes les choses particulieres qui
sont exposées aux sens, les composer entr'elles, & faire aussi la

diuision & la resolution de celles qui sont composées jusques à leurs parties les plus simples, mais ie ne vois pas que cette mesme puissance ait la faculté d'en former elle seule vn jugement sans en auoir auparauant fait son rapport à vne autre puissance que nous appellons l'Intellect, & sans en auoir consulté auec luy; parce que l'acte de la raison consiste simplement en la recherche de la verité, & l'acte de l'Intellect en decide.

Finalement, apres auoir bien examiné ce que ie suis, ie trouue que pour constituer mon essence il a fallu que mon ame ait esté associée à mon corps, lequel dés ce mesme instant l'a aussi associée en la communauté de toutes les

DE LA POLITIQVE. 47
necessitez, & de toutes les passions ausquelles la nature du corps est sujette. De là est venu le besoin que j'ay de me nourrir, de me vestir, de me loger, & de rejetter tous les excremens desquels ie me trouue surchargé. De là procede le soin que j'ay de me conseruer, & de rechercher auec empressement tout ce qui me semble estre necessaire pour les commoditez & pour l'aise de la vie. De ce principe, se forme en moy la tempeste de toutes mes passions. Si j'ay peur, ie crains pour le corps, aussi est-ce en luy que paroist ma palleur & mon tremblement, qui sont les signes exterieurs de ce que ie souffre. De là est causée mon émotion à la naissance de ma colere, & mon

inflammation en son progrez. Ie m'apperçois bien aussi que si ie suis triste mon teint se ternit & mon cœur se resserre, & que si ie passe en l'autre extremité, l'vn s'épanoüit & l'autre se dilatte. Enfin, il n'y a aucune partie en mon corps qui n'expose en veuë l'empreinte de l'agitation que cause en moy la douleur, la volupté, la concupiscence, la colere, & la peur, dont ie ne puis transferer le sentiment à l'ame, que ie n'admette en ce faisant qu'elle est susceptible de palleur, de rougeur, & de tremblement, qui sont autant de qualitez passibles du corps, lesquelles on ne luy peut attribuer, estant immaterielle, sans mettre en compromis son immortalité. On peut dire d'elle simple-

simplement qu'elle est le principe d'où procede la passion, sans estre le sujet où elle se fait.

Nous en voyons l'effet en la pudeur, qui se forme de l'opinion qu'on a d'auoir commis quelque faute, laquelle ayant son principe dans l'ame, attire du cœur la fleur du sang sur le visage, où reluit cette émotion innocente, qui justifie plus le criminel qu'elle ne l'accuse. Il en est ainsi de toutes les autres passions qui ont leur principe dans l'ame, soit qu'elle joüisse, qu'elle espere, qu'elle craigne, ou qu'elle desire; de toutes lesquelles agitations le corps souffre les empreintes & les vicissitudes, selon qu'il en est plus, ou moins émeu par l'opinion.

Ainsi on ne peut dire qu'improprement que l'ame soit émeuë, si ce n'est qu'on veüille entendre qu'elle le soit d'vn mouuement actif, qui excite la passion que le corps souffre. Ie souftiens mesme qu'il n'y a aucune vertu, ny aucun vice, qui puisse estre attribué à l'ame, comme vne qualité dans son sujet, mais bien comme vn acte qui procede d'elle; de sorte que quand on dit qu'il la faut purger, ce n'est pas qu'on veüille luy oster aucune mauuaise qualité, mais simplement on se propose de reduire l'acte & le mouuement qui luy est propre & naturel, sous vne direction qui soit bonne.

D'ailleurs aussi, quand ie me represente la peine & l'ahan que souffre maintenant mon ame en la recherche qu'elle fait de fa nature propre, & des veritez cachées qui peuuent feruir de fondement à ce Traité ; & que ie confidere auffi le remords que caufe en la confcience la fynderefe, & combien eft cuifant le fentiment d'vn affront receu qui nous deshonore, toutes lefquelles chofes n'ont rien de commun auec le corps, ie me fens alors conuaincu par mon propre reffentiment, de croire que l'ame n'eft pas impaffible. Et tant s'en faut que ie fois de l'opinion de ceux qui tiennent que la paffibilité de l'ame deftruife fon immortalité, qu'au contraire ie trouue pluftoft qu'elle la confirme & l'eftablit; car que deuiendroient les recompenfes & les peines futures des bonnes actions

D ij

& des mauuaifes, fi le fujet aufquelles elles font promifes n'eftoit plus.

Pour eftre mieux efclaircy de la nature de l'homme & de fes paffions, ie remonte jufques à fa premiere origine, où ie trouue, que comme en fa creation la terre & l'eau (qui auoient desja eu en celle des animaux la puiffance de produire toute ame vegetante & fenfitiue) furent la premiere matiere de laquelle Dieu fe feruit pour le former auant que de luy auoir infpiré le fouffle de vie : qu'ainfi dans fa feconde filiation, qui eft celle de fa naiffance en ce monde, la faculté vegetante & fenfitiue precede toûjours ce qu'il y a de plus fpirituel en luy, qui eft fon raifonnement & fon intelligence; d'où il arriue souuent que la plus grande partie des hommes prennent en leurs premieres années vne telle habitude & vn tel goust en cette vie sensuelle, qu'ils ne connoissent point d'autre bien, ny d'autre mal que celuy qui contente la chair, ou qui blesse les sens ; semblables à ces oyseaux de proye, lesquels estant appesantis & surchargez de ce qu'ils ont rauy sur la terre, ne peuuent voler en haut, quoy que la nature leur ait donné des aisles pout s'esleuer. Telles personnes sont plûtost en l'ordre de la creation du troisiéme, ou du cinquiesme jour, ausquels furent creées les plantes & les bestes, que du sixiesme, auquel jour l'homme fut inspiré du souffle Diuin, qui constitua sa

vraye essence & le rendit semblable à son Createur.

Cette naissance hermaphrodite
de l'homme, composée de deux
natures si differentes, dont l'vne
est terrestre & l'autre inspirée, est
cause qu'il y a deux natures opposées en luy ; l'inspirée venant
de Dieu, qui est la raison mesme,
dispose l'homme à viure d'vne vie
vniforme, & qui soit constante,
tranquille & reglée en ses actions.
L'autre partie, qui pour le former,
fut prise de la mesme terre, (laquelle, en vertu de la parole du
Seigneur, eut la puissance de produire toute ame vegetante & sensitiue) rendit par contagion cette partie terrestre de l'homme
susceptible de tout ce qu'il y a de
plus farouche en toutes sortes

d'animaux. De là est venuë sa fureur, sa colere, sa cruauté, sa finesse, sa concupiscence, sa peur, & toutes les émotions desreglées ausquelles la partie inferieure est sujette; mais il est certain toutefois que comme Dieu a donné à l'homme la maistrise sur les bestes, qu'il luy a aussi transferé le pouuoir de dompter en luy ce qu'il y a de plus brutal & de plus irraisonnable; & par consequent il peut non seulement estre le maistre de toutes ses passions, mais il peut mesme les employer à vn bon vsage.

Il est constant qu'il ne faut pas tout à fait rejetter les passions; on peut dire d'elles, que ce sont de bons & vtiles seruiteurs, quand elles sont regies selon la droite raison ; de fascheux compagnons, quand elles entrent en competence auec elle ; & des maistres imperieux quand elles la tiennent sous leur sujettion. Ceux qui les ont voulu stupefier, les ont beaucoup affoiblies, ce me semble. Ceux aussi qui les ont voulu entierement aneantir comme vne chose mauuaise, ne se sont pas auisez que le corps de l'homme est le sujet où elles resident, & que Dieu qui est le Createur du corps comme de l'ame, a dit, que tout ce qu'il auoit fait estoit bon. Il est donc certain qu'elles sont bonnes, estant appliquées à vn bon vsage, & qu'elles ne sont mauuaises qu'en leurs abus. Mettez-vous en colere, & ne pechez pas, dit le Psalmiste ; de la plus violente de toutes nos passions. Et ailleurs il dit de la plus foible, que la crainte de Dieu est le commencement de la sagesse.

En effet, la plus grande partie de nos passions ne tend qu'à maintenir l'vnion qui s'est faite de l'esprit auec le corps; nos cupiditez ne sont excitées que pour empescher que cette dissolution ne se fasse, & s'il y a quelque chose qui veüille l'entreprendre, elles viennent tout aussi-tost au secours pour y remedier. Le vray vsage des passions consiste à les moderer en telle sorte, que nos voluptez soient si tranquilles, qu'elles ne paroissent que comme vne espece de relasche aux trauaux & aux langueurs où cette vie est sujette. Que quand nous ne pouuons oſter la douleur tout à fait, qu'au moins nous la rendions ſupportable. Que ſi la colere nous ſurprend, ſon agitation, quoy qu'impreueuë, ne nous maiſtriſe pas. Que l'émotion de la peur ne nous ſoit qu'vn ſubit aduertiſſement de nous tenir ſur nos gardes. Que l'vſage des choſes qui ſont neceſſaires à la vie ſoit frugal, & s'il ſe gouſte auec plaiſir, que ce ſoit ſans qu'il y paroiſſe de la diſſolution. L'homme en ce faiſant trouuera dans le vray vſage de ſes paſſions le contre-poiſon, qui luy ſera propre contre leur abus & leur excez ; & alors elles luy feront ſoûmiſes auec vne telle deference, qu'à peine ſera-t'il expoſé à la ſurpriſe & à l'impulſion inconſiderée de ſes premiers mouuemens. Ainsi il y aura vne telle correspondance entre la partie, qui est capable de raison & celle qui ne l'est pas, que s'il arriue que cette derniere ait quelque émotion déreglée, elle sera honteuse de l'auoir euë, comme le seroit vn bon seruiteur d'auoir fait quelque manquement en la presence de son Maistre.

Ie ne fais point de doute s'il se pouuoit faire vne vnion entre le corps & l'esprit de chaque homme, qui fust autant parfaite que celle que ie viens de representer, qu'il ne se fist vn Prince tres-accomply de celuy qui seroit nay pour commander, & vn tres-bon sujet de celuy qui seroit de condition d'obeïr. Mais comme les fonctions de la partie inferieure se trouuent les aisnées dans le commencement de la vie, & que les plaisirs des sens s'incarnent en nous, auec elles, soit par vne mauuaise habitude, ou par vn mauuais exemple; & aussi que tous les alimens, qui sont employez pour nostre nourriture, sont pris de la terre, & que la dissipation de nos esprits vitaux ne se restablit que de la substance des bestes, qui sont nos compatriotes & nos confreres en beaucoup de choses; il ne se faut pas estonner si le plus souuent la partie brutale, auec qui nous auons tant d'affinité, se rend la maistresse absoluë de l'autre.

Cette maistrise de nos passions sur nous est cause qu'vne partie des hommes ne viuent que pour

DE LA POLITIQVE. 61
viure seulement comme vne plante, & encore sous vne pire condition, sans apporter aucun fruit. Vne autre partie n'ayant nul autre respect qu'à soy-mesme, sont comme ces grands arbres qui estouffent tout ce qui est au dessous d'eux, en attirant à eux toute la substance de la terre voisine, & en receuant seuls toute la rosée qui tombe du Ciel, quoy qu'elle leur doiue estre communiquée à tous en commun. Vne autre partie se gouuerne en lyon, en loup, en pourceau, en bouc, & en renard, & comme si vn chacun d'eux n'estoit qu'vn peu de bouë destrempée où le souffle Diuin n'auroit jamais esté inspiré, semblables aux animaux qu'ils representent, ou plustost à ces mai-

sons infectées qu'on delaisse, ou qui tombent en ruïne pour auoir esté negligées, dans lesquelles il n'y a que quelque serpent, quelque orfraye, ou quelque autre beste immonde ou de mauuais presage qui s'y retire. C'est alors que l'homme n'est plus ce qu'il doit estre ; que sa ressemblance auec Dieu, qui constituë son essence, est effacée : que son espece qui le distingue d'auec les autres animaux, ne se connoist plus en luy, & qu'il ne luy reste plus aucun vestige de sa raison, qui est l'acte de son essence qui determine son vnité specifique d'auec toutes les autres choses.

Cecy est assez estrange, que l'ame qui apperçoit toutes sortes d'objets par les sens, qui recherche, qui raisonne & qui juge, ait si peu de lumiere en ce qui est de sa connoissance propre, que toutes les reflexions que les Philosophes ont faites sur son sujet, sont si confuses, & souuent si contraires entr'elles, que mesme ils n'ont encore pû conuenir du lieu de sa residence.

Les vns considerant les differents mouuemens qui paroissent au corps, & ne voyant rien au dehors, qui peust estre cause de cette action, ont eu raison de penser qu'il y auoit quelque puissance interieure, qui regissoit auec ordre la fonction de chaque partie, & que par consequent l'ame estoit au dedans du corps.

Les autres n'ont pas manqué de raison aussi, quand ils ont

souftenu que si l'ame se pouuoit voir & sentir, elle se presenteroit à nos yeux comme vne plenitude de vie, qui assiste simplement au corps & qui l'irradie, sans auoir aucune attache auec luy, que celle de sa presence seule. Si cela n'estoit ainsi, il s'ensuiuroit que la partie de l'homme la plus noble seroit comprise en celle qui l'est le moins, & que l'ame qui ne peut receuoir aucune alteration, estant immaterielle, seroit contenuë dans vn sujet qui n'a point de consistance, qui est le corps. Enfin, ils croyent que l'ame est au corps, ce que la lumiere est à l'air, qui le remplit de clarté par sa presence, sans qu'elle se mesle auec luy ; ny sans luy laisser rien du sien quand elle se retire.

Ces

DE LA POLITIQVE.

Ces differentes opinions de l'assistance ou de l'inherence de l'ame auec le corps, ont esté cause que quelques Philosophes ont creu qu'il y auoit deux vies en l'homme : & que la seconde n'estoit qu'vne image de la premiere. Que la premiere estoit vn tout, subsistant en soy-mesme, sans auoir aucune attache au corps. Que la seconde estoit assujettie au corps, produite par la premiere, conseruée par elle, & qu'elle luy demeuroit contiguë, comme le rayon l'est au Soleil d'où il sort. Ainsi la premiere tenoit lieu de forme à l'animal ; & la seconde le tenoit au corps naturel pour-ueu des organes, seruant à l'vsage de l'animal.

Il ne sera pas difficile de comprendre comme quoy cette seconde vie, qui est organique & sensuelle peut estre produite par la premiere, qui est purement intellectuelle si l'on considere attentiuement que le son de la parole verbale & articulée, qui est materielle, est vne énonciation deriuée de la parole interieure & mentale, qui est simplement rationelle. En cét exemple nous est assez visiblement representé la possibilité de la filiation qui se fait de cette seconde vie par la premiere.

Les saintes Lettres nous donnent quelque indication de l'existence de ces deux vies en la creation du premier homme, quand elles nous apprennent que pour le former Dieu prit vn peu de terre & d'eau, elles ne difent pas pour former le corps de l'homme, mais l'homme ; ce qui ne peut eftre entendu que de l'homme fenfuel & organique, parce que le fouffle de vie, fans lequel il ne pouuoit eftre fait à l'image de fon Createur, n'auoit point encore efté infpiré fur fa face ; Mais fi-toft qu'il eut efté infpiré, il y eut alors deux vies en l'homme ; l'vne produite de la terre, qui luy fut commune auec toutes fortes d'animaux, & l'autre infpirée, qui luy fut propre & particuliere à luy feul.

De la diuerfité de ces deux vies dans vn mefme fujet, eft procedé cette fedition, qui eft entr'elles fi bien exprimée dans S. Paul, quand il a dit : *Sentio legem aliam in membris meis, repugnantem legi mentis meæ, captiuum me ducentem.*

Et d'autant que ce combat se peut encore mieux représenter en l'homme imparfait qu'en saint Paul, qui estoit vn Vaisseau d'élection, il n'y a pas vn seul de nous qui ne puisse auec plus de raison s'appliquer ces paroles de saint Paul, & dire auec luy, *Sentio*, qui signifie, j'apperçoy. Nostre langue l'a traduit tres-improprement par *Ie sens* ; l'Italienne en a trouué la vraye signification, qui pour dire, ie m'en suis apperceu, se sert de ce terme, *Sentito*, pour tesmoigner que l'Apostre n'a pas entendu que la passion se formast en l'homme superieur, qui est representé par cette particule, *Ie*, qui veut dire, *moy*. Il dit en suite que ce sentiment s'est fait en ses membres; aussi est-ce en eux que se fait sentir la concupiscence des yeux & de la chair, de laquelle naissent les mauuais desirs, la gourmandise, la dissolution auec les femmes, la colere & la haine contre ceux qui nous troublent en la joüissance de nos plaisirs; & finalement la crainte d'en estre priuez; toutes lesquelles passions regnent en nous auec vne telle autorité, que pour la mieux exprimer l'Apostre se sert de ce mot *de Loy*, comme si elles auoient vne puissance absoluë de commander, & que le corps fust reduit en la necessité d'obeïr à ce commandement. Les maladies, les langueurs, les lassitudes, les abcez que nos membres souffrent pour auoir obey à cette Loy, tesmoignent qu'elle ne nous est pas naturelle. Aussi est-ce pour cette raison que l'Apostre ne se contente pas de l'appeller, *legem aliam,* qui veut dire vne loy estrangere ; il y adjouste, *repugnantem legi mentis meæ*, pour faire voir qu'il y a vne autre loy legitime, qui est celle de l'entendement, & que la premiere n'est qu'vne loy bastarde & seditieuse, qui veut exciter vne rebellion contre la partie superieure qui doit estre la maistresse, & auoir selon nature tout droit de souueraineté sur l'inferieure ; parce qu'en effet la vraye essence de l'homme ne consiste qu'en la partie, qui est regie par l'entendement. Mais voicy d'où procede l'vsurpation de cette loy feditieufe & rebelle; à fçauoir, que s'eftant incarnée dans les membres de l'homme, auant que la raifon luy foit venuë, elle veut, comme fon aifnée, eftre la maiftreffe, & fe maintenir en fes droits ; à quoy il femble que nous donnions en quelque forte noftre confentement, en ce que l'Apoftre fe fert de ce mot, *ducentem*, qui tefmoigne qu'elle nous meine de noftre bon gré, fans que nous faffions de refiftance, & de cette particule *me*, qui defigne l'homme fuperieur, qui de libre qu'il eftoit, deuient volontairement efclaue de toutes fes cupiditez.

S'il eft donc vray qu'il y ait deux vies en l'homme, & qu'il fait l'experience à toute heure en foy-

E iiij

mesme de la difficulté qu'il y a d'establir vne bonne police entre l'esprit & le corps, qui sont les deux parties desquelles il est composé, il faut croire qu'il sera beaucoup plus difficile encore de concilier sous vn mesme deuoir vn estat, qui est vne societé d'hommes singuliers, entre lesquels il n'y en a pas vn seul qui ne soit dissemblable de l'autre de temperament & de constitution ; ce qui paroist en la difference de la forme exterieure d'vn chacun de nous, laquelle ne procede que de l'interieure, qui comme la maistresse, cause toutes ces diuersitez. C'est pourquoy auant que d'estre capable de la vie ciuile, il faut estre instruit des moyens d'allier si bien la partie inferieure de l'homme auec la superieure, qu'il ne se fasse point entr'elles aucune sorte de sedition. Quand ces deux parties seront conciliées ensemble selon les enseignemens que j'en ay donnez dans mes Conseils fidelles, alors il sera fort aisé de rendre sociable tout homme singulier, & de luy apprendre à viure en communauté.

I'ay tout sujet de craindre que tout ce que j'ay dit cy-dessus ne soit qu'vn phantosme formé de l'agitation de ma pensée, qui n'ait rien de plus essentiel que toutes ces chimeres, qui se voyent dans les nuës, ausquelles nous trouuons telle ressemblance qu'il nous plaist, quoy qu'en effet ce ne soit qu'vne vapeur vague & sans consistance, qui n'a en soy nulle autre forme que celle que noſtre imagination luy veut donner. Mais certes, quand il eſt queſtion de poſer vn fondement qui ſoit ferme dans les abyſmes de la nature, on eſt en quelque ſorte excuſable, ſi pour aſſoler cette profondeur on y jette beaucoup de choſes qu'on ſe repreſente y pouuoir ſeruir de rempliſſage pour ayder à donner quelque aſſiette à ſon trauail.

Ce n'eſt pas que ie ne me ſois employé tout autant que ie l'ay pû, pour colliger dans le grand monde, & dans le petit, qui eſt l'homme, toutes les raiſons que j'ay crû pouuoir ſeruir à mon deſſein, n'ignorant pas que toute opinion, qui n'eſt point appuyée puiſſamment, n'eſt rien autre

DE LA POLITIQVE. 75
chose que le songe, ou la resuerie d'vn homme qui est esueillé. I'y ay trauaillé auec vn tel effort d'esprit, que ie me suis quelquefois apperceu qu'en voulant esleuer mon entendement au dessus de ses forces, peu s'en est fallu, ie l'aduouë, qu'il ne se soit esgaré dans ces abysmes.

Ainsi ayant esté plus esbloüy qu'esclairé en cette recherche, j'ay besoin qu'on aye quelque indulgence pour moy, si la matiere que ie viens de traiter n'a pas la netteté qu'elle deuroit auoir.

Quoy qu'il en soit, il est tres-constant qu'il n'y a point aucune forme de police plus accomplie, que celle qui est reduite sous l'autorité d'vn seul Commandant, d'autant que du gouuernement des Grands, & de celuy du peuple, dont l'vnité n'est pas si simple ny si recueillie en soy, que l'est celle de la Monarchie, elle peut tomber plus aisément dans vne confusion desordonnée, & alors elle est plus esloignée de l'vnité, qui luy donne son estre & sa forme, & par consequent plus esloignée de son bien.

CHAPITRE IV.

DE LA FAMILLE. DE SA definition. Celles d'Aristote & de Bodin rejettées, & pourquoy.

L'AYDE mutuel est le fondement de toute societé. La premiere, qui s'est faite en l'homme est celle de l'ame & du corps, en laquelle l'ame donne au corps le mouuement & la vie, & le corps sert à l'ame de suppost, pour y desployer toutes ses puissances & toutes ses fonctions. En la seconde societé, qui est celle de l'homme auec la femme, la femme luy fut donnée pour sa compagne auant son peché: Quand elle eut le commandement de seruir à l'homme, l'homme l'eut en mesme temps de quitter tout pour elle, & de ne rompre jamais cette liaison ; ce qui monstre que nonobstant sa maistrise, il n'est point quitte de son deuoir mutuel enuers elle. Or comme la premiere societé, qui est celle de l'ame & du corps, ne consistoit qu'en vn seul suppost; & que la seconde, qui estoit celle de l'homme & de la femme, n'eust pas subsisté long-temps s'ils n'eussent eu de leur Createur le commandement & la puissance de croistre & de se multiplier, ce fut alors qu'en vertu de ce commandement il se fit vne troisiesme societé du pere, de la mere, & de l'enfant, à la naissance duquel se fit voir également la necessité du secours mutuel, l'enfant ayant eu besoin du laict de sa mere pour viure, & la mere besoin d'estre tettée de son enfant, pour estre soulagée de l'abondance de son laict.

De ces trois personnes, du pere, de la mere, & de l'enfant, a esté composé la premiere famille, en laquelle sous l'vnité d'vne loy, qui leur fut commune & naturelle à tous, qui est celle du deuoir mutuel, & sous le respect du pere, qui doit commander seul, & de la mere & de l'enfant, qui luy doiuent obeïr, pour le bien commun de tous, nous est representé le modelle sur lequel tout Estat, quelque grand qu'il soit, doit estre formé, pour estre accomply en toutes ses parties.

Aristote, qui de tous les anciens a traité de la Politique auec le plus de methode, prenant le contenant pour le contenu, a definy la famille fous le nom de la maifon, à laquelle il donne pour partie, le pere, la mere, les enfans, le maiftre, le feruiteur, & la poffeffion, qui eft pluftoft vn dénombrement des chofes qui font neceffaires dans vne famille accreuë, que la definition d'vne famille naiffante, comme le fut celle de nos premiers peres.

Il eft certain qu'en examinant cette definition, ie ne puis comprendre comme quoy vn fi grand efprit a voulu que la maifon fuft la premiere en ordre dans la famille, attendu qu'il y a eu, & qu'il y a encore des Nations toutes entieres qui font diuifées par familles, fans auoir de maifon pour fe retirer : ny comprendre auffi
comme

comme quoy il se peut faire que le maistre & le seruiteur en fussent vne autre partie, veu qu'en y adjoustant vn maistre, c'est luy donner deux chefs au lieu d'vn. Ainsi cette definition est defectueuse au premier article, qui est celle de la maison ; & defectueuse encore en ce qui est du pere, ne pouuant y auoir eu d'autres maistres que luy dans les premieres familles, ny d'autres seruiteurs que ses enfans, comme il s'est veu en celle d'Adam & d'Eue, en laquelle l'vn d'eux fut Laboureur & l'autre Pasteur, qui sont deux fonctions ausquelles consiste le principal seruice d'vne famille.

Le mesme Auteur dit aussi qu'il y a deux sortes de seruiteurs. Que les vns le sont de nature, & les au-

F

tres selon la Loy, qui est vne digression à contre-temps, qui ne fait rien à son sujet ; parce que n'estant question que de definir la famille, qui est la premiere societé, qui s'est faite à la naissance du Monde, ou en sa restauration apres le Deluge, quel besoin estoit-il de mettre en auant vn seruiteur selon la Loy, & vn autre selon nature ; attendu qu'il ne pouuoit y auoir alors vn seruiteur de Loy, parce qu'il n'y auoit point encore de Loy ; & moins encore vn seruiteur selon nature, laquelle ne nous oste rien de nostre liberté naturelle, non plus qu'à toutes sortes d'animaux, qui sont d'vne mesme espece. S'il y a quelque difference entr'eux, elle procede simplement de la diuersité de leur tem-

DE LA POLITIQVE. 83
perament, ou de leur application à vne chose pluſtoſt qu'à l'autre. Ioint auſſi que quand le meſme Auteur propoſe l'homme vicieux, comme eſtant ſerf de nature, il trouue tout au contraire qu'en cét homme vicieux il y a quelque choſe qui tient plus du maiſtre que du ſeruiteur, en ce qu'il n'eſt pas ſi reſpectueux aux loix de nature, qu'vn autre qui ſera meilleur que luy.

Bodin en ſa Republique definit la famille par ce mot de meſnage, qu'il dit eſtre vn droit gouuernement de pluſieurs ſubjets ſous l'obeïſſance d'vn chef de famille. Qu'il faut au moins trois perſonnes pour compoſer vne famille, ſans y comprendre le pere & la mere, qui ſeroient cinq en tout. Selon cette definition, il a fallu que la premiere focieté qui s'eſt faite du premier homme & de la premiere femme n'euſt pû eſtre appellée vne famille, ou vn meſnage, ſi auparauant elle n'euſt eſté remplie de trois enfans pour accomplir le Nombre de cinq. Opinion qui merite d'eſtre rejettée, puiſque ſelon la loy de la raiſon commune, qui eſt la reigle la plus certaine, il paroiſt que la famille, compoſée ſimplement du pere, de la mere, & d'vn ſeul enfant, qui ſont ſes premiers & ſes plus ſimples elements, contient en ſoy toutes les conditions que doit auoir non ſeulement vne famille, mais vne Monarchie, en laquelle le Prince eſt obligé, comme le ſubjet, d'eſtre ſoûmis à la loy

DE LA POLITIQVE. 85
commune de son Estat, de la mesme sorte que le sont le pere, la mere & les enfans à la loy commune à toute la famille, qui est celle du deuoir & de l'ayde mutuel.

Quand la premiere Mere fut en couche, & le premier enfant au maillot, est-il pas vray que si le pere eust voulu se dispenser alors de la loy du deuoir mutuel, & que s'il n'eust point mis la main à l'œuure pour nourrir & seruir la mere & l'enfant, il n'y eust bien-tost plus eu de nourrice ny de nourrisson? Est-il pas vray aussi que quand la mere n'est plus en couche, & que l'enfant est deuenu grand, si le pere n'estoit alors assisté de l'vn & de l'autre il passeroit mal son temps? Nous auons encore vn exemple de la necessité de ce deuoir entre celuy qui commande & celuy qui obeït en la partie superieure de l'homme, qui est le cerueau, lequel en la compression qu'il souffre quelquesfois, qui est vn effet de son trauail en faueur du corps, fait voir qu'il n'est pas moins occuppé pour le bien du total, que le sont toutes les autres parties qui sont au dessous de luy.

Il est donc tres-constant que la famille consiste en ses premiers & plus simples elements, aux personnes du pere, de la mere, & de l'enfant; dont la societé est si parfaite, qu'elle represente le vray modele d'vn Estat tres-accomply. Il se trouue & en l'vn & en l'autre vne pluralité de personnes, vne loy commune, qui est celle de l'ayde mutuel, vne mesme sujettion à cette loy, vn pouuoir absolu en la personne du pere comme du Prince, vne obeïssance en la mere & aux enfans comme aux sujets; & par consequent il doit y auoir vne mesme dilection dans vn Estat entre le Prince & ses sujets, comme elle l'est en la famille entre le pere & les enfans.

Ie ne puis aussi conuenir auec Aristote, quand il dit que la famille n'est qu'vn membre particulier de la Cité; & qu'ainsi, selon nature, la Cité est auant la famille. Pour le verifier il soustient que le tout est toûjours auant sa partie, & que le pied & la main estant separez du corps, qui est leur tout, ne sont rien; ce que ie ne conteste point. Mais de maintenir que la famille soit vne partie de la Cité, & que par consequent elle soit la derniere en ordre, c'est vouloir que le ruisseau soit auant la source. La famille n'est point vne partie singuliere d'vn tout, mais elle est plustost vn tout parfait, lequel en son progrés, de famille en famille, produit vne Cité, comme l'vnité produit par son redoublement vne multitude d'vnitez qui se termine par vne autre vnité qui les embrasse toutes. Elle est si accomplie en soy, qu'elle sert de principe à toute sorte de gouuernement, qui est plus ou moins parfait, selon qu'il se trouue plus ou moins conforme à celuy de la famille. Cela se reconnoist à la dissipation des Estats, dont la premiere desvnion se fait par Prouinces, qui eſt ſuiuie d'vne ligue, & d'vn cantonnement de quelques Villes enſemble, & de quelques villages, juſques à ce qu'on ſoit reduit à la famille, laquelle eſtant le principe & l'origine de toute ſocieté, malgré ce débris public, ſe maintient encore ſans ſe diſſiper, ſous la loy du deuoir mutuel, duquel il ne reſte plus aucun veſtige dans toutes les autres ſocietez.

Ie ne deſauouë point qu'vn chacun de nous ne ſoit vne partie d'vn Eſtat ; mais auant que de l'eſtre d'vn Eſtat, nous le ſommes d'vne famille, qui comme le premier cercle qui ſe fait en l'eau, produit vn autre cercle, & cét autre vn autre plus grand à la verité, mais moins parfait que le premier, en ce que ses parties s'affoiblissent & se desvnissent en leur extension. Il en est ainsi de la famille, qui est mieux vne & receüillie en soy, que ne l'est vn village qu'elle a produit en se multipliant; & le village mieux vny que ne l'est vne Cité, & ainsi successiuement du reste.

CHAPITRE V.

COMME QVOY LE MONDE se peupla. De la confusion des premiers siecles, auant le Deluge & apres. Et comme se formerent les premieres Polices.

COMME la famille est vne societé du pere, de la mere, & des enfans, viuant en commun sous vn mesme toict; ainsi le premier village fut vne aggregation de plusieurs familles d'vn mesme sang, associées en vn mesme lieu pour leur vtilité commune. Et voicy quelle en a esté l'origine.

La premiere famille s'estant accreuë de plusieurs generations, les enfans qui en sortirent, masles & femelles, se trouuerent incommodez de demeurer tous ensemble; ce qui les obligea, chacun ayant pris sa femme, de se separer, de se bastir, & de se mettre en possession, de proche en proche, selon le rang du sang, d'autant de terre qu'il leur en falloit pour viure, & pour estre voisins entr'eux d'habitation, comme de parenté. Par ce moyen il se fit comme d'vne seule tige plusieurs rameaux ; d'vne seule maison plusieurs familles complettes, lesquelles ayant fait bande & leur logement à part, composerent d'vne seule lignée vn village qui fut commun à tous, sur lequel l'ayeul, comme le plus vieux, & apres luy, par vn droit successif, le plus ancien conserua selon nature, la mesme autorité que le pere auoit en sa famille.

De ce premier village, composé

de diuerses familles, qui furent toutes d'vn mesme sang, & d'vn mesme laict, se firent autant d'autres villages qu'il y eut de familles au premier: Parce que chaque famille, pour se descharger du nombre de ses enfans, se veid, comme la premiere, en la mesme necessité de faire vne seconde peuplade de villages, dans lesquels, comme dans la famille, le plus ancien fust le commandant, pour maintenir entr'eux quelque societé. Mais il arriua qu'ayant esté successiuement contraints d'occupper plus de terrein pour la commodité de leur habitation, l'office mutuel qui se rendoit encore en chaque famille, & en chaque village, ne pût alors se continuer à toute la communauté, à cause de leur esloignement ; & par ce moyen leur vnion, qui s'estoit conseruée tandis qu'ils estoient proches les vns des autres, commença à se relascher vn peu, & la chaleur du sang à se refroidir, à mesure qu'elle s'esloigna de sa source.

Il est certain toutesfois que la consanguinité entretint encore quelque confederation entre tous ces premiers villages; mais quand il s'en fit d'autres de ceux-là, tous ceux qui estoient parens auparauant, se trouuerent simplement alliez ; & alors la bien-veillance mutuelle s'affoiblit insensiblement entr'eux comme fit le cousinage. De ces alliez, quand ils eurent beaucoup multiplié, se firent en suitte les voisins, des voifins les compatriotes, & des compatriotes, apres vne longue extenfion de generations & de terrein, il se fit des estrangers, qui declinerent finalement en cette grande inondation d'hommes, laquelle estant respanduë sur toute la terre, toutes choses tomberent dans vne telle confusion, qu'on ne reconnut plus aucuns vestiges de leur premiere societé, ny aucune chaleur de leur premier sang. Alors le plus fort prit la femme & le bien du plus foible, & se l'asseruit; & au lieu de l'ayde mutuel, qui se rendoit au commencement, ce ne fut plus qu'vne oppression mutuelle. De là nasquirent les Geants, que l'Escriture appelle les Fils de la terre. De là s'alluma l'ire de Dieu contre l'homme. De là son repentir de l'auoir fait; & le Deluge en suitte, qui submergea tout, à la reserue de la famille de Noé, & de ce qui se sauua dedans l'Arche.

Quand ie considere dans l'Escriture, quels ont esté les deportemens des premiers hommes, depuis la creation du monde jusques au Deluge, ie n'y trouue aucune forme de famille, de village, de Cité, d'Estat, ny aucune societé reglée, qu'en la seule famille de Noé : En celle d'Adam l'vn des freres tua l'autre : En celle de Caïn, l'Escriture nous apprend qu'il edifia vne Cité, qu'il nomma du nom de son premier fils. Il n'y a point de Cité sans citadins. Sa famille estoit petite alors; ce qui fait presumer que ce mot de Cité

Cité se doit entendre simplement d'vne maison. En cette famille de Caïn, sa descente ne vient qu'au premier Lamech, qui fut plus violent encore que son pere. En la famille de Seth, qui nasquit à Adam pour remplacer son fils Abel, l'Escriture fait le dénombrement de quelques generations, entre lesquelles il n'y eut que la famille d'Enoch qui marcha selon Dieu, & celle de Noé, duquel elle rend aussi ce tesmoignage, qu'il fut homme juste & entier; & en cette consideration il fut reserué de Dieu, & ses enfans, pour la restauration du genre humain apres le Deluge ; parce que hors eux, dit l'Escriture, toute chair auoit corrompu sa voye dessus la face de la terre.

G

Ainſi ie ne voy point que ce que j'ay dit de la bonne intelligence, qui fut en la premiere famille, ſe puiſſe approprier aux premiers hommes, qui peut-eſtre demeurerent inſociables entr'eux par la contagion de la premiere deſobeïſſance qui fut faite à Dieu; mais cette bonne intelligence ſe peut beaucoup mieux appliquer à la famille de Noé, qui n'euſt point trouué grace deuant Dieu, s'il n'y euſt eu vne tres-parfaite vnion entre le pere, la mere & leurs trois enfans. De ces trois enfans, qui furent Sem, Cam & Iaphet, & du pere, qui veſcut encore trois cents cinquante ans apres le Deluge, ſe repeupla toute la terre, diſent les ſaintes Lettres; Ce qui ne ſe pût faire que par familles, premierement par villages, en suitte de proche en proche, & finalement par Citez.

Cette reduction en societé se pût faire alors auec plus de facilité qu'apres la premiere creation de l'homme; parce que Noé, qui auoit vescu six cents ans, & ses enfans cent ans auant le Deluge, apres auoir experimenté l'ire de Dieu, firent connoistre à leur posterité que l'injustice & l'oppression du fort sur le foible, l'auoit attirée sur les premiers hommes, & que pour l'éuiter à l'aduenir, il falloit s'entr'aymer & s'entr'ayder au lieu de se faire injure; ce qui fut assez facile à leur persuader, parce que le desbris du naufrage vniuersel paroissoit encore en beaucoup de lieux sur la terre.

Ainsi les hommes voyant que leur consanguinité s'affoiblissoit en se multipliant, jugerent, pour leur vtilité commune, qu'au defaut de sang il se falloit rapprocher par de nouuelles societez. Ils joignirent donc plusieurs familles ensemble, dont le nombre eust esté confusément à l'infiny, si la nature, qui ne souffre point ce progrés, ne leur eust enseigné, que comme la premiere famille des enfans de Noé auoit esté reduite sous vn Chef qui estoit leur pere, il falloit aussi reduire la pluralité des familles sous le commandement de plusieurs Chefs, qui auroient en chaque village la mesme autorité que le pere l'auoit euë en sa famille. De cét assemblage de familles se forma premierement l'Estat populaire, auquel succeda celuy des Grands, composé de plusieurs chefs de familles. Et finalement quand plusieurs Villes se furent reünies ensemble pour leur vtilité commune, elles se trouuerent en la necessité de s'assujettir sous la puissance d'vn seul Commandant, qui est le gouuernement de tous le plus parfait, & le plus selon nature, parce qu'il represente en quelque façon le gouuernement du monde sous l'vnité seule de Dieu.

Or comme toute la terre, veu sa grandeur, ne pouuoit estre soûmise sous vne seule personne, il se fit plusieurs Estats, & de diuerses formes en mesme temps, dont la mer, les deserts, les hautes montagnes, les grandes forests, les fleuues, & la diuersité de langage firent la premiere separation; mais ces premieres bornes, quoy que fixes, ont esté souuent changées par la vicissitude où les choses naturelles sont sujettes, qui n'ont rien en elles de plus constant que leur reuolution. Ie conjecture que la premiere forme de gouuernement fut populaire; parce que cette tumultueuse foule de familles, dont la terre fut remplie peu à peu, s'estant fort accreuë, chaque pere de famille, qui regnoit absoluëment chez soy, ne pouuant, de son bon gré, se despoüiller de son autorité priuée pour la transferer en la personne d'vn autre, jugea que le gouuernement populaire seroit le meilleur; mais depuis, comme on eut reconnu la petulance de la multitude, les factions où elle estoit sujette, & qu'auant qu'on eust pris quelque resolution sur ce qui regardoit le bien ou le mal de la communauté, on se trouuoit encore à peu prés dans la mesme confusion que l'on s'estoit proposé d'éuiter. Il fut donc alors vray-semblablement arresté d'vn commun aduis, qu'on supprimeroit le gouuernement populaire, comme trop confus, & qu'on remettroit entre les mains de quelques particuliers, du nombre desquels on s'accorderoit, toute l'autorité pour donner la loy conjointement au reste du peuple, soit en general ou en particulier. Cette election se fit de ceux qui par vn jugement public furent estimez les meilleurs & les plus sages peres de familles, sur la creance qu'on eut que du bon gouuernement d'vne famille, ou d'vne communauté, il n'y auoit difference que du plus au moins. Mais l'experience ayant fait voir, que tel est bon pere de famille qui n'est pas bon Conseiller d'Estat, & que cette forme de gouuernement estant vne fois deprauée, tous ceux qui commandoient estoient autant de tyrans, on reconnut finalement que comme, selon nature, le corps estoit soûmis à l'ame seule, la femme au mary seul, les enfans au pere seulement, qui furent les premieres societez, que selon nature aussi toute Police, pour estre bien gouuernée, ne deuoit estre assujettie que sous la puissance d'vn seul.

Il n'y a point de preuue plus euidente que cét ordre-là s'est tenu dans l'establissement des premieres Monarchies, que leur retrogradation par les mesmes voyes, quand leur dissolution se fait. Car on les voit premierement se démembrer par Prouinces, de dessous l'autorité d'vn seul, pour passer sous la puissance de plusieurs, & de là reuenir insensiblement sous celle du peuple, d'où toutes choses retombent enfin dans la mesme confusion où elles estoient, auant que d'auoir esté mises en ordre.

Chapitre VI.

COMME QVOY VRAY-SEMBLAblement s'est faite la premiere election du Prince. Et comme se firent les defenses de l'Homicide, de l'Adultere, du Larcin, & du Faux-tesmoignage.

IL est assez difficile de descouurir comme quoy s'est faite la plus accomplie forme de gouuernement, qui est celle de la Monarchie; car de s'imaginer que la violence luy ait donné son premier commencement, comme quelques-vns l'ont escrit, il n'est pas vray-semblable qu'vn homme seul eust eu le pouuoir, non seulement d'vsurper, mais de maintenir vne puissance absoluë sur vne multitude, si elle ne luy eust esté conferée par vn consente-

DE LA POLITIQVE. 107
ment public; & moins vray-semblable encore, que la prudence de quelques Sages ait fait le premier ralliement des hommes espars çà & là, comme des Sauuages, pour les reduire à la vie ciuile. La parole, qui est l'instrument de la societé, leur eust esté donnée en vain, s'ils n'y eussent point esté naturellement disposez. L'homme, selon son instinct, s'est approché de l'homme comme de son semblable, & s'est insensiblement habitué dans la famille à obeïr à ses parens, & à commander à ses enfans ; autrement on n'auroit jamais pû dompter sa volonté, si elle fust demeurée tout à fait inculte & sauuage en son enfance ; attendu que la bonne education, le bon exemple, les loix, le cha-

ſtiment, & la recompenſe, ont bien de la peine à la retenir en ſon deuoir.

S'il eſt permis d'opiner ſur ce ſujet à vne perſonne priuée, qui n'a point d'autre Bibliotheque que le grand Liure du monde, qui luy eſt ouuert il y a ſoixante & dix-huit ans; j'oſeray dire que j'ay quelque idée comme quoy s'eſt pû faire la premiere election du Prince, fondé qu'en la ſurpriſe de quelque grand peril qu'on croit inéuitable, ſur ce que j'ay veu ſouuent arriuer dans la guerre, ou dans la ſurpriſe de quelque grand peril, celuy qui, ſans eſtre eſtonné, ſe preſente hardiment le premier pour y remedier, comme s'il en auoit les moyens en main, vſurpe, fuſt-il le dernier, dés l'inſtant mesme toute l'autorité sans contredit ; parce que la loy du salut commun d'vn chacun, est toûjours celle qui predomine, & la plus absoluë de toutes les loix.

Ainsi durant la confusion d'vn nombre infiny de plusieurs familles, lesquelles s'estant multipliées de la premiere, & ayant perdu par vne longue suitte de generations, l'vsage du respect & de l'ancienne deference qu'on a accoustumé de porter aux plus vieux, il fut tout à fait impossible qu'il ne se fist entr'eux quelque violence respectiue, soit en leur personne, soit en leur famille, ou en leurs biens, à laquelle il n'y auoit point d'autre remede qu'vne contre-violence, qui mettoit tout en confusion, chacun se fortifiant de son amy, ou de son voisin pour sa defense.

Ce fut donc alors que dans vn pareil desordre, quelque homme plus sage & plus intelligent que les autres ayant reconnu la source du mal, & les moyens qu'il auoit pour y remedier, se presenta pour cét effet; & que sur le besoin commun qu'on en eut, il se concilia la creance d'vn chacun, l'interest particulier estant deuenu public en ce rencontre.

Car de s'imaginer que la nomination d'vn Commandant ait esté remise au sort, ou aux suffrages d'vne multitude, l'vne de ces voyes est trop aueugle, & l'autre trop exposée à la corruption pour en reüssir vn bon effet. Mais plûtost comme le feu prend sa place de luy-mesme au dessus de l'air,

& l'air la sienne au dessus de la terre & de l'eau, chacun de ces elemens s'entre-cedant le lieu qu'il doit naturellement occupper. La mesme chose se fit quand il fut question de remplir cette premiere place: ceux qui ne se jugerent point capables de cét honneur s'en estant donnez à eux-mesmes successiuement l'exclusion, jusques à ce que quelqu'vn d'entre eux, plus intelligent que les autres, ayant pressenti dans soy-mesme qu'il en auoit la capacité, eut l'audace de se presenter pour tenir ce premier rang, qui luy fut cedé volontairement d'vn chacun, sur l'esperance qu'il donnoit à tous d'vne seureté publique, & de maintenir le foible contre le plus fort; & sur tout parce qu'on voyoit qu'vn nombre infiny de familles confuses, qui n'estoit qu'vn monstre à plusieurs testes, sans auoir de corps formé, se reduisoit en ce faisant, comme vne seule famille sous la direction d'vn seul homme, qui estoit prest de faire voir qu'il auoit en main les moyens de faire vne parfaite reünion de toutes ces parties disloquées, sous vn Chef.

Cét homme sage ayant reconnu que la perfection de toute societé consistoit dans vn seul principe, qui est de se mettre toûjours en la place d'autruy, & de le mesurer par soy-mesme, fit assembler tout le peuple, & luy representa que tous les hommes sont fiers, & tous semblables les vns aux autres; & que s'il y auoit quelqu'vn d'eux

DE LA POLITIQVE.

d'eux qui fuſt preſentement le plus fort, il pouuoit tomber malade & vieillir, & par ce moyen deuenir le plus foible à ſon tour; & qu'ainſi eſtant tous eſgaux, il n'y auoit aucun d'eux qui peuſt, ſelon les loix de la nature, auoir le droit de faire quelque violence à l'autre. Et comme il n'y en a point de plus grande que celle d'oſter la vie à l'homme, ny d'appetit qui ſoit plus violent en luy que celuy de la conſeruer, vn chacun fut enquis en ſon particulier s'il ne ſeroit pas à propos de faire vne defenſe d'attenter à la vie d'autruy: de laquelle choſe il fut aſſez aiſé de conuenir, en ce que chaque particulier trouuoit en cette defenſe la ſeureté de ſa perſonne & de ſa vie.

H

Et d'autant que l'homme ne pouuoit pas tousjours viure, & qu'il auoit vn moyen de se perpetuer en sa posterité, en conseruant l'innocence de la premiere societé de nature, qui est celle de la femme & du mary, on conuint aisément aussi qu'on ne soüilleroit point la pureté du lict nuptial; & qu'il seroit defendu de commettre aucun adultere, afin de n'estre pas exposé soy-mesme à ce mesme inconuenient.

Cela fait, on reconnut qu'il estoit impossible de prolonger sa vie, ny celle de ses enfans, si on ne joüissoit paisiblement de son bien, sans estre troublé dans la recolte des fruicts qu'on auroit cultiuez, qui sont les moyens de viure ; qu'ainsi il seroit juste que

DE LA POLITIQVE. 115
chacun se contentast du sien, & de ce que son industrie & son trauail luy auroient acquis, sans mettre la main au bien d'autruy. Ce qui fut trouué si conforme à nature, & à la seureté publique, qu'vn chacun se soûmit volontairement à cette loy. Mais parce que la verité de la parole est le nœud de toute societé, & que la preuue de la transgression de toutes ces defenses ne se pouuoit faire que par tesmoins, au defaut desquels le transgresseur demeureroit souuent impuny, on fut d'aduis d'en adjouster encore vne quatriesme, qui fut de ne point porter de faux tesmoignage, soit qu'il fust question d'accuser, ou d'excuser quelqu'vn de ces crimes.

H ij

Ces quatre defenses de ne point tuer, de ne point commettre d'adultere, de ne point desrober, & de ne porter point de faux tesmoignage, ont esté comme quatre grandes sources, d'où sont deriuées toutes nos Loix morales & politiques, lesquelles ayant eu la Nature pour leur commune nourrice, sont plus ou moins justes, selon qu'elles approchent plus ou moins de la pureté de leur source. Leur vsage & leur application nous est si necessaire pour la seureté publique, qu'elles meritent bien que ie fasse voir plus exactement dans le Chapitre suiuant le besoin que nous en auons.

Chapitre VII.

QVE CES QVATRE PREMIERES defenses sont toutes conformes à Nature. De la necessité de leur obseruation: Et quelles ont esté les premieres peines.

POvr traiter donc vn peu plus exactement cette matiere, il faut remarquer que la famille, qui consiste au mary, en la femme, aux enfans, & au reuenu de leur bien, ne pouuoit receuoir de dommage qu'en l'vne de ces choses-là, & qu'estant toutes composées de ces mesmes parties, elles auoient toutes vn mesme interest de salut; & qu'ainsi le seul moyen de maintenir la paix entre elles, estoit de conuenir d'vne loy qui fust commune à tous; & que cette loy fust de ne point faire à autruy ce que nous ne voudrions point nous eftre fait. Conuention qui eft abfoluëment felon nature, qui ne nous donne point de droit les vns fur les autres, eftant tous efgaux.

Or comme le premier appetit de l'homme, qui eft de conferuer fon eftre, eft fon premier bien, l'homicide qui le deftruit, par confequent doit eftre fon premier mal. Ainfi le bien eftant l'objet de la volonté, & le mal fon auerfion, il ne fut pas difficile de conuenir de cette premiere defenfe, de ne point tuer; parce que tout homicide brife premierement en l'homme la reffemblance de Dieu, il brife la fienne propre, il rompt la focieté de l'ame & du corps, qui eft ce Mariage mystique de l'Escriture, dont le diuorce est si expressément defendu. Enfin en ce seul crime, il n'oste pas seulement la vie à celuy qu'il tuë, mais il oste cette mesme vie à son pere, à sa mere, à sa femme, à ses enfans, à ses freres, à ses sœurs, à ses amis, & à l'Estat. Et ce qui est encore autant considerable, c'est qu'en faisant cét outrage en la famille d'autruy, il donne l'exemple de commettre dans la sienne vn crime que Dieu a estimé estre tellement contre nature, que les saintes Lettres nous apprennent qu'il menaça de faire mourir sept fois celuy qui tuëroit Caïn, quoy que le sang de son frere, qu'il auoit respandu depuis peu, fust encore tout fumant, parce qu'il vouloit qu'il n'y eust que la Loy seule qui eust la puissance d'oster la vie, & non pas l'homme.

Quand cét article, de ne point tuër, fut aresté, l'homme se veid en quelque seureté de sa vie; mais comme elle ne luy pouuoit pas estre conseruée pour tousjours, Nature substitua à ce premier appetit de l'amour de son estre vn autre desir, qui fut celuy de se perpetuer en sa posterité; ce qui ne se pouuoit faire seurement, si la femme n'estoit fidele à son mary. En effet les femmes ne pouuoient demeurer en commun aux hommes selon Nature; parce que la distinction des familles, qui sont les premieres parties desquelles chaque Estat est composé, ne se fust point faite. Les enfans faits en salue n'eussent point connu leurs vrais peres, ny les peres leurs enfans, & par consequent leur deuoir mutuel, qui est l'image de celuy qui doit estre entre le Prince & le subjet, auroit cessé. Le monde n'auroit esté qu'vne seule & tumultueuse famille d'hommes & de femmes viuans tous en confusion, entre lesquels les desordres que causent ordinairement ces deux furies enragées, l'incontinence & la jalousie, n'eussent point eu de digue à leur impetuosité.

Ce fut donc pourquoy comme le second appetit de nature est de se voir reuiure en sa posterité, & que la pureté de la couche est absoluëment necessaire pour cét effet, on s'accorda volontiers encore d'obeïr à cette seconde Loy de nature, qui est de ne point commettre d'adultere.

Mais en vain aurions-nous eu ces deux premiers appetits de nature, l'vn de maintenir son estre, & l'autre de reuiure en ses enfans, si les moyens de les faire subsister l'vn & l'autre ne nous eussent esté donnez. Or puis qu'il est vray que cét aage doré de Saturne, durant lequel la terre produisoit d'elle-mesme dequoy viure sans estre cultiuée, n'a esté qu'vne chanson des Poëtes anciens, & qu'il a fallu la labourer pour auoir du grain, transplanter les sauuageons, & les enter de leurs mesmes greffes pour les affranchir, & auoir soin de son bestail pour en auoir le croist, le laict & la toison. Le troifiefme appetit de l'homme a deu consister au soin de conseruer toutes ces choses, desquelles la sueur de son visage en trauaillant, de communes qu'elles estoient auparauant, luy en auoit transferé la proprieté. Ce fut donc alors qu'on eut besoin de la troisiesme Loy de nature, pour luy en asseurer la possession par la defense qui fut faite de desrober; Loy qui fut d'autant plus juste, en ce que la terre, qui estoit encore indiuise alors, imposoit tacitement par la defense de toucher à la recolte d'autruy, la necessité de cultiuer autant qu'il en falloit à vn chacun pour se nourrir soy & sa famille ; & bannissoit en ce faisant la faineantise d'entre les hommes, qui est la peste de toute communauté.

Ainsi ie ne puis comprendre comme quoy s'est pû former cette chimere en la teste des plus sages parmy les Anciens, que ces mots de *tien* & de *mien*, sont la cause de tous les maux publics. Veritablement si la terre nous eust donné tout à souhait, & qu'il n'eust esté besoin pour toutes les necessitez de la vie, que de dire, bouche que veux-tu, pour les auoir on se pouuoit aisément passer de ces deux mots, *tien* & *mien*; mais les Dieux nous ayant tout vendu auec de la peine, comme dit l'ancien prouerbe, la diuision de mon trauail d'auec le tien, ny du tien d'auec le mien, qui consistoit en la culture d'vne terre ingrate & maudite de la bouche de Dieu, ne se pouuoit faire si on nous eust

DE LA POLITIQVE. 125
osté l'vsage de ces deux mots, *tien* & *mien*, lesquels ont fait les premieres limites entre les hommes; & qui par ce moyen n'ont pas seulement concilié la paix entre nous, mais fomenté l'industrie de l'homme, en reduisant vn chacun de nous en la necessité de trauailler s'il vouloit viure.

Il est tres-certain que ces trois Commandemens, de ne point tuër, de ne point commettre d'adultere, de ne point desrober, furent cause que l'injustice qui se faisoit ouuertement auant la Loy, ne se fit plus qu'en cachette, & qu'il fallut auoir la preuue du delict pour le chastier. On aduisa donc que pour ne tomber pas dans cét inconuenient de condamner injustement quelqu'vn pour vn crime qu'il n'auroit pas commis, il falloit pour y remedier adjouſter vne quatrieſme defenſe, qui fut de ne porter point de faux teſmoignage. Defenſe qui eſt conforme à nature, puiſque la verité qu'on deſire de nous n'eſt ſimplement qu'vne nuë expreſſion d'vne choſe, ſelon que nous la croyons eſtre en effet. Cela eſtant, il me ſemble que de tous les crimes celuy qui merite vn plus rigoureux chaſtiment, eſt le faux teſmoignage; parce que le teſmoin, ſans y eſtre intereſſé que de la verité de ſa parole, s'il en vſe mal, abſout le meſchant ou opprime l'innocent; & par ce moyen la peine ordonnée pour la tranſgreſſion de ces trois premieres Ordonnances, ne ſe pouuoit deuëment appliquer,

DE LA POLITIQVE. 127
si on n'y eust encore adjousté celle-cy, de ne point porter de faux tesmoignage. Nous auons trois exemples dans les saintes lettres, qu'auant la loy escrite l'homicide, l'adultere & le larcin n'estoient point permis. Le premier exemple fut, quand apres le deluge Dieu dit à Noé, que qui respandra le sang de l'homme en l'homme, son sang sera respandu. Le second fut, quand Abimelech Roy de Gerar, reprocha à Abraham premierement, & depuis à Isaac, de ce qu'ils auoient dit, l'vn que Sara, & l'autre que Rebecca, qui estoient leurs femmes, estoient leurs sœurs, & que peu s'en estoit fallu que luy, ou quelqu'vn du peuple n'eust couché auec elles, ce qui eust attiré sur

luy, & sur tout son Royaume, vn grand peché. Il defendit en suitte que personne n'eust à les toucher sur peine de la vie. Le troisiesme exemple est de Ioseph, qui fit mettre sa Couppe d'argent dans le sac de l'vn de ses freres, pour les conuaincre de larcin, feignant de les vouloir faire chastier comme larrons. Ainsi il paroist que la Loy de nature non escrite, & la Loy de Dieu escrite, touchant la defense de ces crimes, n'a esté qu'vne mesme Loy.

Que si quelqu'vn est en doute que la defense de toutes ces choses n'aye pas esté tirée des entrailles de Nature, il n'a qu'à consulter les siennes propres; & son indignation, contre celuy qu'il void en estre le transgresseur; la compassion

passion de l'injure qu'il aura veuë receuoir, luy fera connoistre par son propre ressentiment, que l'homicide, l'adultere, le vol, & le faux tesmoignage sont choses si odieuses en soy, que l'vne d'elles ne peut estre commise en autruy, quelque indifferent qu'il nous soit, qu'vn chacun de nous ne s'en interesse; ce qui fait qu'aux occasions de punir l'vn de ces crimes, le plus moderé de nous deuient vn Preuost pour arrester le criminel, sans en estre sollicité que d'vn simple mouuement de nature.

La Loy escrite, qui contient ces quatre defenses, n'est qu'vne expression verbale de celle de nature, dont la voix fut renduë intelligible au peuple Hebrieu par

I

Moyse, & comme il commença de prendre sa mission de luy-mesme auant que de l'auoir euë de Dieu, quand de son autorité propre il s'entremit d'accorder le different entre deux de ses freres, & qu'il tua de sa main l'Egyptien qui auoit frappé l'vn d'eux. Ainsi dans la Loy de nature, celuy qui déchiffra le premier ces quatre Ordonnances non escrites, apres qu'il en eut rendu les caracteres intelligibles aux hommes, & leur eut fait voir la necessité de leur obseruation, il ne se faut pas estonner si par vn consentement public ils se soûmirent volontairement à celuy qui le premier leur donna l'vsage & l'intelligence de ces Loix.

Quoy que le peuple fust conue-

DE LA POLITIQVE.

nu, de son bon gré, de viure sous l'obeïssance de ces quatre Commandemens, neantmoins veu la contagion de ses premieres habitudes, il ne se pouuoit pas faire vn si subit changement en luy, qu'il ne fust capable de transgresser encore quelqu'vne de ces defenses. Il fut donc arresté pour y remedier, qu'on ordonneroit quelque peine contre celuy qui en seroit le transgresseur, & que le pouuoir de la faire executer seroit remis entre les mains du Legislateur.

Quoy qu'on nous puisse dire de la naissance des Loix, il est impossible que la licence de tout faire impunément soit venuë à vn tel excez, qu'il n'y ait eu tousjours entre les hommes quelque forme de loy peinale pour les contenir en quelque forte de refpect les vns pour les autres. Vray-femblablement la premiere & la plus ancienne loy peinale a efté celle du Talion, qui felon mon fens, a quelque chofe en foy de brutal & de bien fauuage. Pourquoy vie pour vie, fi j'ay tué fans le penfer faire? Pourquoy œil pour œil, & dent pour dent ? Veritablement fi cét œil & cette dent fe pouuoient fi bien remplacer, que l'vn & l'autre peuft eftre employé à l'vfage de celuy qui a fouffert le dommage il y auroit de la juftice en ce chaftiment. Si celuy qui m'a fait perdre vn œil, par colere, ou par inaduertance, a peché contre nature, ie peche encore plus que luy contre la mefme nature, fi d'vn fang froid & raffis, & auec deliberation, ie confens que fon œil, qui ne me rend point la veuë, luy foit ofté. Il euft bien mieux vallu compenfer le dommage de l'offenfé par quelque peine dont il euft retiré quelque vtilité. Selon la rigueur de cette mefme Loy, ie dois auoir la vie du pere de celuy qui aura tué le mien, & voir foüiller la pureté du lict de celuy qui aura corrompu le mien. N'en defplaife à cette Loy, ce farouche exemple eft plus fcandaleux, qu'il ne corrige.

La prifon, comme ie croy, eft felon nature le premier & le plus jufte chaftiment qui fe pouuoit ordonner pour maintenir vn chacun en l'obferuation de toutes ces Loix; parce que comme leur violement eftoit vn attentat par lequel la societé publique estoit offensée, on ne pouuoit mieux chastier le criminel, qu'en le priuant de toute societé, & en le retranchant de son tout, comme vne partie gangreinée. En effet, qui exerceroit contre vn prisonnier toutes les rigueurs de la prison; à sçauoir de le laisser seul, sans auoir qu'autant de lumiere qu'il luy en faut pour l'esclairer, ny de pain que ce qui luy fait besoin pour ne mourir pas, qui luy seroit donné comme à vn Chartreux, par vn tour, sans voir vn seul homme, sans oüir vne seule voix, il seroit bien incorrigible si aprés estre sorty de ce cachot il retomboit en faute vne seconde fois.

Peut-estre qu'aprés qu'on eut reconnu que la prison laissoit en-

DE LA POLITIQVE.

core quelque esperance de salut à celuy qui estoit conuaincu de plusieurs crimes, & que ce chastiment n'estoit pas assez exposé en veuë pour seruir d'exemple & de correction au public, qui est le fond de toutes les loix peinales, il fut resolu que tout crime qu'on estimeroit capital, seroit puny de mort dans vn lieu public. Il fut alors difficile de trouuer quelqu'vn qui voulust estre l'executeur de cette sentence; parce que la defense de l'homicide, qui est vn attentat contre Nature sur la vie d'autruy, auoit desja precedé cette condamnation de mort. Toutesfois, pour n'abandonner pas la seureté publique, il fut ordonné que le criminel seroit lapidé, & que la partie la plus interessée en ce chastiment jetteroit la premiere pierre, & le peuple en suitte chacun la sienne, sans en exempter ceux de son sang, afin que toute la communauté, qui estoit offensée dans vn crime commis contre le public, en fist elle-mesme vne vengeance publique. En ce chastiment le mesme amas de pierres qui couuroit le corps de celuy qui auoit esté lapidé, seruoit aussi de monument contre sa memoire pour la faire detester.

Finalement les hommes s'estant vn peu plus ciuilisez, jugerent qu'il y auoit trop d'inhumanité d'armer la main du parent contre son parent; ce qui fut cause que la coustume de lapider, par laquelle vn chacun estoit obligé de jetter sa pierre sur le criminel, fut changée en vne autre eſpece de mort, de laquelle il y a apparence que quelqu'vn desja coupable de la mort d'vn autre, fut le premier executeur, pour ſe redimer de la peine de ſon crime; & par ce moyen la mort du criminel fut la rançon de la vie de celuy qui fut ſon bourreau.

CHAPITRE VIII.

QVE L'INCONTINENCE DES jeunes gens choque particulierement la defense de l'adultere, & mesme celle de l'homicide; Mais qu'enfin sa propre laideur, & les maux qu'elle cause luy seruent ordinairement de remedes.

LE premier appetit de nature en chaque chose, est celuy de conseruer son estre. L'estre de l'animal consiste en sa vie; parce qu'il ne peut estre animé qu'il ne soit viuant, & sa vie ne se peut entretenir que par le secours des sens, de l'attouchement, du goust, & de l'odorat, qui luy seruent à faire l'essay des qualitez tangibles des choses, de leur saueur, & de leur odeur, pour les employer à son vsage, ou pour les rejetter, s'ils ne luy sont propres. Ces trois premiers sens sont d'vne telle consequence pour la vie de l'animal, que mesme ils sont incarnez auec le fœtus auant sa naissance. L'attouchement se manifeste en luy par l'application de la main sur le ventre de la mere, qui excite son mouuement. Son goust se découure par les maux de cœur & les appetits extrauagans de la grossesse; & son odorat, par la vapeur d'vne lampe, ou d'vne chandelle esteinte qui est capable de le suffoquer.

S'il est besoin d'vne plus grande preuue, l'experience nous apprend que les parties gangreinées ne sont plus viuantes si-tost qu'elles ont perdu le sens de l'attouchement, & que la croissance & la nourriture du corps cesseroit, si la faculté du goust, qui excite l'attraction de l'aliment, estoit oisiue. Pour ce qui est de l'odorat, il est vray-semblable que son action qui se reïtere auec nostre aspiration, & nostre expiration, est esgalement necessaire à la vie, comme l'est la vicissitude de ces deux mouuemens. Toutes ces raisons nous demonstrent que ces trois premiers sens sont les principaux instrumens de la vie de l'animal; & que l'ouïe & la veuë ne luy sont pas absoluëment necessaires pour viure; parce qu'on remarque en plusieurs sujets, que leur priuation n'empesche pas la vie, & qu'il y a beaucoup d'animaux qui naissent, selon nature, sourds & aueugles.

Ce n'est pas que l'ouïe & la veuë

ne soient les plus nobles de tous les sens de l'homme ; mais d'autant que nous nous seruons de l'vn & de l'autre en nostre enfance, sans faire qu'vne tres-legere reflexion sur tout ce que nous voyons, ou que nous entendons, & que leur action ne peut estre parfaite sans vne forte application vers leur objet, on peut dire de nous en ce temps-là, que nous voyons sans voir, & que nous escoutons sans entendre. Ce defaut de nostre attention vers son objet, est cause qu'vne partie de nos esprits, qui doiuent estre portez à la veuë & à l'oüie, se respandent sur toutes les autres parties du corps, de laquelle effusion d'esprits procede cette inquietude & cette agitation perpetuelle que nous voyons estre inseparables de l'enfance.

Il est donc constant que les sens du goust & de l'attouchement sont les premiers instrumens de la vie, non seulement en l'homme, mais en toutes sortes d'animaux. Or comme il n'y a point d'appetit qui soit plus vehement en toutes les choses viuantes que celuy de la conseruer, il est presque impossible qu'vne jeunesse inconsiderée puisse vser auec moderation des choses qui luy sont necessaires pour contenter cét appetit.

De ce principe procede l'insatiable gourmandise des jeunes gens, qui reueille en eux, en l'âge de leur puberté, vn autre appetit, qui est celuy du maintien de leur espece, lequel a son fondement en nature comme le premier, quoy qu'il soit obscur, & qu'il sommeille encore en nostre enfance, jusques à ce que le temps de le produire en acte soit venu.

Ces deux appetits du maintien de l'estre & de l'espece, dont l'impulsion est aueugle, quoy que naturelle, gouuernent imperieusement tout ce qui a vie; mais parce que l'espece des choses qui est vniuerselle, a quelque chose de plus noble que leur estre particulier, cela est cause que nous negligeons souuent le soin du dernier pour contenter le premier. Ce mesme appetit de conseruer son espece aux despens de son estre est également commun aux bestes, aux plantes, & aux herbes comme à l'homme, desquelles nous voyons à toute heure le corps, le tronc & la tige se desseicher, par le defaut de leur propre substance, qui s'est toute espuisée pour faire vn effort de se perpetuer en la fecondité de leurs fruicts & de leur semence.

Pour entretenir ces deux appetits, du goust & de l'attouchement, la nature a voulu qu'il y eust en eux quelque meslange de plaisir, de peur que leur action ne cessast si elle n'estoit irritée par ce principe ; mais parce que la volupté qui en prouient est plûtost vn faux bien qu'vn bien reel; cela est cause que son desgoust se rencontre en son excez ; ce qui n'arriue point au vray bien, la possession duquel, quelque longue

DE LA POLITIQVE. 141
gue & excessiue qu'elle soit, ne deuient jamais ennuyeuse.

Quand ie considere auec quelle auidité les enfans s'attachent au tetin de leur nourrice, & combien sont agreables aux jeunes gens les premieres émotions qui leur viennent de leur puberté, ie trouue qu'il ne faut pas s'estonner si dans vn âge qui est encore incapable de discernement, ils ne gardent point de mesure en l'accomplissement de ces deux appetits.

Si d'ailleurs aussi ie me represente toutes les indigestions, les dégousts, les maladies, les langueurs, les obstructions & les deffaillances que causent l'immoderation de ces mesmes appetits, quand ils passent licencieusement de leur vray vsage en leur excez,

K

il me semble que le premier acte de la raison de l'homme a deu commencer en mettant en paralelle les maux qui luy sont venus en abusant de ces deux appetits, auec le contentement qu'il a eu quand il en a vsé moderément; & tirer de là ce raisonnement, qu'en l'vsage des choses qui nous sont propres, il y a vn certain terme metoyen lequel il ne faut jamais outrepasser.

Quoy que l'homme & la beste ayent cela de commun entr'eux d'auoir soin de leur conseruation, d'éuiter tout ce qui leur peut nuire, & de rechercher l'vn & l'autre tout ce qui leur est necessaire pour viure, si est-ce qu'il y a en l'ame de l'homme plus qu'en celle de la beste, ie ne sçay quelle lueur sombre & cachée, qui ne se découure point en luy qu'à mesure qu'il s'auance sur l'âge, comme nous voyons que la veuë des petits chiens qui naissent aueugles s'éclaircit auec le temps.

Ce rayon visuel de l'ame ne s'allume que de la collision des choses presentes auec celles qui sont desja passées, dont l'impression n'est pas encore effacée, sur la representation desquelles elle a vne faculté qui discourt, qui examine leur origine, leur cause, leur progrez, & le rapport qu'elles ont entr'elles, pour en tirer vne connoissance qu'elle ne pensoit pas auoir. Ainsi ce qui s'appelle communément raison, n'est rien autre chose, pour la bien definir, qu'vn mouuement retrograde de

K ij

l'ame vers le passé pour son instruction presente, & pour vne meilleure direction à l'aduenir.

Cela s'est fait voir en la premiere offense de l'homme contre Dieu, auquel, quoy qu'il eust esté creé raisonnable, sa raison ne luy seruit de rien pour preuoir la faute qu'il alloit faire, sinon apres qu'il l'eut faite. Ses yeux qui la representent ne furent point ouuerts, dit l'Escriture, qu'apres son peché; il s'apperceut alors de sa nudité, c'est à dire, qu'il estoit dépoüillé de la grace qu'il auoit auparauant.

Cette histoire sainte nous apprend, que la commission du peché preceda le raisonnement & le repentir du premier homme, d'où l'on peut tirer cette consequence, que ses descendans plus imparfaits que luy ne peuuent se former aucun modele d'vne vie reglée que sur l'instruction qu'ils retirent de leurs propres fautes. C'est ce qui a donné sujet à quelqu'vn de nos Politiques de dire, que les mauuaises mœurs auoient engendré les bonnes loix qui leur auoient serui de correctif.

Les jeunes gens, dans l'esprit desquels domine la primogeniture des sens, du goust & de l'attouchement, ne reconnoissent point d'abord aucun bien ny aucun mal que celuy qui contente, ou qui blesse ces mesmes sens; mais il arriue qu'insensiblement apres que l'écume des premiers boüillons de la jeunesse est passée, ils s'apperçoiuent peu à peu que le venin des voluptez senfuelles est en la queuë; qu'elles ne durent pas toûjours; qu'elles ont leurs propres dégousts en leur excez; & quoy qu'elles soient communes à toutes les brutes comme à eux, il doit y auoir quelque autre espece de plaisir, que celuy des sens, qui soit & plus durable & particulier à l'homme seulement, veu l'excellence de sa nature au dessus de celle de tous les autres animaux.

C'est pourquoy quand vne ame à demy noyée dans les ordures des femmes & du vin, se propose de s'en retirer, nous voyons que la premiere action qu'elle fait, est de regarder le honteux estat où elle se trouue; Et la seconde, est de se representer l'integrité qu'elle auoit auant sa desbauche.

L'examen de ces deux extremitez est vn acte d'vne prudence qui nous est originelle, laquelle deuient force, s'il en reüssit vn ferme propos de n'y plus retourner. Que si ce ferme propos se change en habitude, il deuient temperance, & cette temperance est vne justice que l'homme se rend à soy-mesme, par laquelle sa raison, qui constituë sa vraye essence, tasche de se remettre en ses droits; ce qui ne seroit jamais arriué, si la laideur de son vice ne se fust descouuerte à luy durant sa desbauche, & que l'ame pour sa correction n'eust excité toutes les puissances que j'ay dites, en l'vnion desquelles consiste ce que nous appellons communément la vertu.

Il paroift donc en cela, que les defauts que nous auons contractez en nos premieres années par le mauuais vfage des fens, du gouft & de l'attouchement, ont efté la matiere fur laquelle les plus nobles operations de l'ame ont agy pour les reformer; & que la Temperance, aydée de la Prudence, de la Force, & de la Iuftice, eft le feul remede que nous ayons contre toutes nos mauuaifes habitudes.

Cette vertu tient en fon deuoir l'extrauagance de la volonté; elle modere en l'ame l'impulfion de tout mouuement defreiglé; c'eft par fon moyen que la Force, la Prudence, & la Iuftice, font des vertus, qui fans elle feroient des vices en leur foibleffe, ou en leur excez ; *Noli esse justus nimiùm, nec sapientior quàm oportet*, dit le Sage. Enfin cette vertu est d'vne si grande estenduë, qu'elle ne se peut desvnir, ny se desassocier d'auec toutes les autres vertus desquelles elle fait l'harmonie & la consonance.

Encore que cette vertu soit la commune conciliatrice de toutes les autres, si est-ce toutefois que sa principale fonction consiste à moderer l'incontinence du goust & de l'attouchement, desquels sens procede la gourmandise & la desbauche auec les femmes, qui sont deux sources fecondes d'où deriuent tous les pechez que nous appellons mortels.

Premierement l'orgueil, qui n'est qu'vne fausse idole conceuë de la vaine opinion que nous auons de noſtre propre ſuffiſance, eſt en quelque maniere vn rejetton qui naiſt de la gourmandiſe; eſtant comme impoſſible, quand vn eſtomach regorge de viandes priſes ſans meſure, & que les veines ſont enflées de la chaleur d'vn ſang ſuperflu, que la vapeur qui en monte au cerueau, qui eſt le ſiege de l'entendement, ne le rempliſſe de ſuperbe, de petulance & d'audace.

C'eſt pourquoy l'Hiſtoire ancienne nous apprend que Bachus, le Dieu de la bonne chere, a eſté l'vn des premiers conquerans, qui eſt vn effet de l'orgueil : & meſme pour nous monſtrer combien eſt indocile la fierté que cauſe la fumée du vin, les Poëtes ont re-

DE LA POLITIQVE. 151
presenté ce Dieu monté sur vn chariot de triomphe attelé de Tygres, de Leopards, & de Pantheres, qui sont tous animaux superbes, & tous indomptables. En second lieu l'enuie, qui n'est qu'vne jalousie qu'on a de la prosperité d'autruy ; la colere, qui est vn appetit volatil d'vne vengeance passagere ; & la hayne, qui est vne volonté determinée de mal faire, sont autant de pechez, qui procedent de la chaleur criminelle d'vn sang que l'abondance des veines a corrompu, dont la maligne vapeur offusque la lumiere de l'entendement. La sobrieté, qui est opposée à la gourmandise, est si peu sujette à tous ces déreiglemens d'esprit, qu'vn ancien politique a tres-bien remarqué,

comme vne chose tres-extraordinaire, que Cesar a esté le premier homme sobre qui s'est proposé de se rendre le maistre de son pays.

On peut dire aussi que la paresse & la nonchalance, qui est vne langueur faineante du corps & de l'esprit, qui neglige de commencer ou d'acheuer aucune chose qui soit bonne, est vn autre effet de la gourmandise, representée par vn pourceau, qui se plaist dans le bourbier où il croupit, sans se mettre en peine d'en sortir.

Pour ce qui est de la desbauche des femmes & du vin, ce sont deux bessons qui naissent d'vne mesme ventrée, & qui ne se quittent presque jamais. Leur alliance

DE LA POLITIQVE. 153
se fait voir en la distribution des parties du corps, dans lequel celles qui sont employées à contenter les sens de l'attouchement, sont voisines, & ont leur place au dessous du ventre: de sorte qu'on a eu raison de dire, que sans Cerés & Bachus, qui en sont les deux nourriciers, Venus, qui est la Deesse des parties qui luy sont inferieures, seroit morfonduë.

Finalement l'auarice, qui est vne insatiable auidité d'auoir du bien, ne trauaille le plus souuent que pour auoir moyen de subuenir à la folle despense du mauuais vsage de ces deux sens, qui sont si funestes à l'homme, que saint Gregoire en ses Morales, les appelle nos deux ennemis interieurs; interieurs, parce qu'ils s'incarnent tous deux auec nous; & nos ennemis, parce qu'ils nous troublent tous deux en mesme temps en la possession des biens de l'esprit, du corps, & de la fortune.

En effet, il n'y a personne qui ne connoisse que l'abandonnement aux femmes & à la crapule ne soient incompatibles auec la prudence, le bon conseil, & la meditation des choses hautes. La Sapience qui comprend ces trois choses, ne se rencontre point en terre parmy ceux qui viuent delicieusement, dit l'Escriture. Pour peu que nous ayons aussi d'experience, nous auons pû reconnoistre en nous, & en autruy, qu'il n'y a rien qui affoiblisse tant le corps, ny qui le rende plus lan-

DE LA POLITIQVE. 155
guissant & plus flestry, ny qui soit si contraire à la santé ny à la longue vie, que l'excez de ces deux choses. Elles sont si ruïneuses, & si pleines d'infamie, qu'il n'y a jamais eu personne qui soit paruenu aux richesses, aux dignitez, aux honneurs, ny à la bonne renommée par ces deux voyes. De maniere qu'il faut bien prendre garde que les sens du goust & de l'attouchement, qui nous sont communs auec toutes sortes de bestes, & qui naissent en nous les premiers, ne conseruent leur droit de primogeniture au dessus de la raison qui est leur puisnée, de peur qu'il ne se forme de nous vn animal plus monstrueux que le Centaure de nos Fables, dans lequel la partie superieure de

l'homme est au dessus de celle de la beste ; en cettuy-cy la beste seroit à cheual sur l'homme, & alors le mauuais vsage de ces deux sens, d'où naissent toutes sortes de vices, ayant le dessus, rendroit l'homme incapable de toute societé.

CHAPI-

Chapitre IX.

COMME IL Y A EN NOVS des appetits naturels qui sont contraires à la societé, il y a aussi en nous quelques reigles naturelles de la vie morale qui nous en rendent capables.

Comme le corps en naissant est inhabile à la generation, & qu'il a besoin de croistre, de se fortifier, & d'arriuer à vn certain âge auant que d'en estre capable; l'ame tout de mesme est infeconde en ses premieres années, jusques à ce qu'elle se soit, auec le temps, fortifiée de plusieurs experiences, & de diuerses reflexions sur le passé pour son instruction presente, & pour celle de l'aduenir. Comme donc le corps a besoin de sa puberté pour en-

L

gendrer vn autre corps, qui est son image; l'ame a besoin aussi de la sienne auant qu'elle puisse produire sa raison, qui est sa ressemblance.

Car comme Dieu a posé dans nostre intellect des principes qui seruent à former nostre raisonnement, il a de la mesme façon posé des reigles qui president à toutes les actions, & à tous les deuoirs de nostre vie, par le moyen desquelles, si on y prend garde, on peut estre informé, auec certitude, de ce qui est bon à faire ou à laisser; de ce qui est honneste, bien-seant & juste, & de ce qui ne l'est pas. Nous pouuons aussi reconnoistre, par l'affinité que nous auons auec Dieu, qui est le Createur du monde, & le nostre, que sous ce respect nous luy deuons nostre adoration ; que nous sommes obligez d'honorer nostre pere, auquel nous deuons nostre naissance ; d'obeïr à nos superieurs, de rendre à vn chacun ce qui luy appartient ; & ne faire point à autruy ce que nous ne voudrions point nous auoir esté fait.

Toutes ces reigles sont grauées comme loix en nostre entendement, qui en est le juge ; & sont infuses en nous comme vn rayon de la lumiere diuine qui nous penetre.

Il n'y a rien encore qui démonstre plus clairement que la loy morale est naturellement empreinte en nos ames, que le discernement que nous faisons des bonnes œuures d'auec les mauuaises, & des choses justes d'auec celles qui ne le sont pas ; ce qui ne se pourroit faire, s'il n'y auoit originairement au dedans de nous vne certaine reigle de justice, sur laquelle se fait l'alignement de ce qui est le plus ou le moins juste, ou de ce qui est le plus ou le moins injuste. Le conflict de nos pensées qui s'entrechoquent, est vn indice certain qu'il y a en nous vn Iuge interieur qui peut decider de leur contention. La reflexion que fait l'ame, sur tout ce que nous auons fait, dit, ou pensé de bien & de mal, dans lequel la conscience produit pour tesmoin contre nous, ou en nostre faueur, tout ce qui nous peut accuser ou excuser, nous est vn argument infaillible que cette defense ou ac-

DE LA POLITIQVE. 161
cusation ne se pourroit faire alternatiuement, s'il n'y auoit vne loy interieure en nous, suffisante de terminer ce differend.

On void donc, par toutes ces raisons, que nous auons au dedans de nous vne loy morale, qui est originelle, par l'aide de laquelle tout homme temperé peut viure innocemment, sans auoir besoin d'vne loy escrite pour reigler ses actions : Et que la loy escrite n'a esté donnée que pour assujettir aux loix interieures, auec plus d'autorité, ceux qui negligent d'y obeïr volontairement. La loy n'a pas esté donnée en faueur du juste, dit saint Paul à Timothée.

Cette loy interieure & morale, est d'vne telle necessité, qu'encore que la premiere table de la

L iij

loy', qui ordonne du culte de Dieu, soit en ordre auant la seconde, qui reigle comme il faut que l'homme se gouuerne auec l'homme, cette derniere toutefois a deu estre mise en vsage, & pratiquée la premiere; parce qu'il estoit impossible que l'homme peust entrer en societé qu'il n'eust sceu auparauant qu'il se falloit abstenir de toutes les choses qui sont incompatibles en la vie ciuile, comme le sont l'homicide, l'adultere, le larcin, & le faux tesmoignage.

Il a donc esté besoin que les defenses qui sont contenuës en la seconde table de la loy non escrite alors, ayent esté obseruées auant la publication de la premiere table de la loy escrite; & que quelque homme sage ayant examiné quel est le deuoir de nature, ait eu l'intelligence de la necessité de l'vsage de ces loix, & qu'apres les auoir pratiquées luy-mesme, il en ait proposé l'exemple au public. Autrement il eust fallu que tout le temps qui a precedé celuy auquel Moyse a receu de Dieu la loy escrite pour la donner à son peuple, n'eust esté depuis le Deluge jusques à luy, qu'vne suitte de confusion.

Nous trouuons dans les liures de Moyse, qu'Abraham, de la lignée de Sem, l'vn des enfans de Noé, a esté l'vn des premiers qui a vescu selon l'innocence de la loy de nature; mais quoy que cét Auteur sacré, qui ne s'estoit proposé d'escrire que l'histoire du peuple d'Ifraël, ne faſſe aucune mention de ce qui eſt arriué dans les generations de Cam & de Iaphet, les deux autres enfans de Noé; il eſt certain toutefois que les peuples qui en ſont iſſus n'euſſent jamais pû compatir enſemble comme ils ont fait, ſi l'experience ne leur euſt fait connoiſtre qu'il n'y auoit rien de plus conforme à nature, eſtant tous égaux, que de ne faire point à vn autre, ce qu'on ne voudroit point ſouffrir de luy; qui eſt vne choſe qui comprend en ſoy tout ce qui eſt contenu en la ſeconde table de la loy de Dieu.

Il eſt aſſez vray-ſemblable, que la confuſion dans laquelle ſe trouuerent les hommes, quand le nombre en fut beaucoup accreu, a eu besoin de ce premier reiglement, & qu'il a esté receu de tous vnanimement quand il a esté proposé, veu le concours qui se rencontre dans les volontez d'vn chacun, quand il est question d'vne vtilité publique, où toutes sortes de personnes se trouuent interessées.

Ce concours de volontez, en cette occasion, ne sera pas difficile à croire, si l'on considere qu'il n'y a point d'vnité si semblable à vne autre vnité, que l'est celle de l'homme auec l'homme. Toute leur espece est comprise sous vne mesme definition; autrement elle ne leur conuiendroit pas à tous. Leur raison, qui les rend dissemblables des bestes, par le moyen de laquelle ils conjecturent, ils argumentent, ils difcourent, ils prouuent, ils refutent, ils concluënt, leur eft vne faculté commune à tous: leurs fens n'ont qu'vne mefme comprehenfion ; l'objet qui les efmeut en l'vn d'eux, les efmeut en tous autres de la mefme façon. Leurs premieres intelligences font en eux tous vne mefme impreffion ; & fi la parole, qui en eft l'interprete, n'vfe pas de mefmes termes pour l'exprimer, elle ne laiffe pas de conuenir en mefme fens. Ils ont tous vn mefme defir de la vie, & vne mefme apprehenfion de la mort. Tous deteftent en autruy la malignité, la cruauté, l'ingratitude ; & ont en eftime la modeftie, la benignité, & la reconnoiffance d'vn bon office receu.

L'impreſſion de la douleur, de la triſteſſe, de la joye, de la conuoitiſe ſe fait en tous à peu prés d'vne meſme ſorte; & finalement tous ſont portez d'vne meſme affection vers le bien, & tous d'vne meſme auerſion contre le mal. Cela eſtant, on ne peut douter que ceux qui ſe ſont le moins eſcartez de cette conuenance vniuerſelle, qui eſt commune à toute l'eſpece, n'ayent mené vne vie plus conforme à nature, à la raiſon, & à la vertu (qui n'eſt qu'vne meſme choſe ſous trois diuers noms) que les autres, qui n'ont pas tenu cette meſme voye, pour auoir eſtouffé la lumiere naturelle qu'ils auoient, ſoit par vne habitude contractée du pere, de la mere, de la nourrice, d'vne mauuaife difcipline, d'vn mauuais exemple, où pour auoir inconfiderément fuiuy les erreurs populaires, ils pouuoient tous viure d'vne vie reiglée, s'ils y euffent pris garde; parce que ceux à qui la nature a donné la raifon, la mefme nature ne leur a pas defnié la faculté de la droite raifon, en laquelle confifte le droit & l'équité naturelle, qui eft cette loy interieure commune à tous, qui ordonne de tout ce qui fe doit, & de tout ce qui ne fe doit pas faire.

CHAPITRE X.

QVE TOVTES CES DEFENSES sont plustost vne abstinence de mal faire, qu'vne vertu. Qu'il ne suffit pas à l'homme d'y obeïr. Qu'il doit estre officieux de la necessité des offices mutuels, & des premiers arts.

CE fut donc par les suffrages du peuple qu'il fut conuenu de ces quatre premieres defenses, & de la peine de leur transgression, apres que le plus aduisé d'entr'eux eut fait connoistre l'impossibilité qu'il y auoit de sortir hors de la confusion où l'on estoit, que par ce seul moyen. On jugea aussi qu'en reconnoissance de ce bien-fait, on estoit obligé de conferer à celuy-là mesme qui en estoit l'auteur, le pouuoir d'en faire executer l'ordonnance. Car de rapporter l'inuention des bonnes loix à des moyens furnaturels, comme ont fait quelques-vns des anciens, c'est rendre l'homme d'vne pire condition que ne sont les brutes, qui ont trouué d'elles-mesmes les expediens de leur seureté, sans auoir eu besoin de l'aide des Dieux.

La seule lumiere de la raison par laquelle l'homme est fait à l'image de Dieu, luy apprend, que s'il tuë sans estre chastié, s'il est adultere, s'il desrobe, & qu'il porte vn faux tesmoignage, qu'vn autre a le droit de commettre impunément les mesmes choses contre luy. De maniere que pour autoriser ces defenses il n'estoit point besoin de la feinte que fit Zoroaste de consulter Horomasis : ny

Trismegiste Mercure: ny Minos Iupiter: ny Solon Minerue: ny Numa la Nymphe Egerie, auant que de donner les loix aux Perses, aux Egyptiens, aux Cretes, aux Atheniens, & aux Romains. Cette supposition de consulter ces diuinitez, fondée sur vn mensonge, decreditoit plus ces loix parmy les personnes d'entendement, qu'elle ne leur donnoit de creance. Il ne fallut, apres en auoir fait voir la necessité, que prendre les aduis de chaque homme en particulier, pour l'obliger non seulement à les accepter, mais à les demander, tant elles sont conformes à la droite raison qui constituë la vraye essence de l'homme. Que si Moyse les a presentées au peuple escrites de la main de

Dieu, ce n'a esté que pour l'obliger d'apporter encore plus de respect à leur obseruation.

La pratique de ces defenses n'est pas proprement vne vertu, mais simplement vne abstinence de mal faire, par laquelle il se forme insensiblement en l'homme vne disposition à la vie ciuile; parce qu'en effet si ie tuë vn homme, ie l'oste à luy-mesme & au public; si ie suis vn adultere, ie romps la fidelité promise entre le mary & la femme; si ie suis vn larron, ie destourne à mon vsage particulier le bien d'autruy qui deuoit estre employé au sien. Finalement si ie suis vn faux tesmoin, outre que ie me suis infidelle & traistre à moy-mesme, ne disant pas la verité, ie puis estre cause
que

que l'innocent soit fauſſement condamné, & le coupable injuſtement abſous: toutes leſquelles choſes ſont contraires à la ſocieté, & par conſequent il eſt impoſſible que ie puiſſe eſtre capable de la vie ciuile, ſi ie ne m'abſtiens, & que ie ne ſois exempt de commettre tous ces crimes. Pour preuue que la neceſſité de ces defenſes eſt conforme au ſens commun, c'eſt qu'il ne s'eſt jamais veu d'Eſtat, ſoit qu'il ait eſté gouuerné par vne multitude, ou par quelques-vns des Grands, ou par vn ſeul Monarque, dans lequel il ait eſté permis de commettre impunément pas vn de ces crimes.

Les hommes ne ſont point au monde pour ſe faire du mal les vns aux autres, ils y ſont pour s'entr'ayder ; c'est pourquoy la prudence de nature, quelque ressemblance qu'il y ait entr'eux, ne leur a pas voulu donner à tous vn mesme talent, afin de les entr'engager tous les vns vers les autres par la necessité du besoin mutuel à la necessité d'vn secours mutuel, & pour rendre en ce faisant l'obligation de leur societé plus estroite. Nous en voyons vn exemple sensible en ce qu'il n'y a pas vn seul de nous qui ne ressente à toute heure l'vtilité qui se retire de l'ayde mutuel, le riche en a besoin comme le pauure, le grand comme le petit, le fort comme le foible, jusques à l'aueugle & au cul de jatte, dont le premier porte sur ses espaules le dernier qui luy a seruy de guide.

Toute sorte de trafic n'est rien autre chose qu'vn commerce d'offices respectifs qu'on se rend les vns aux autres. Le marchand qui me vend sa denrée qui me fait besoin, me fait vn plaisir, ie luy en fais vn autre en le payant. L'argent que ie paye à l'artisan, de la main duquel ie me sers, est vn eschange que ie fais d'vne partie de mon bien auec son industrie, qui nous est esgalement vtile à tous deux. Le gain & la nourriture que ie donne à mon seruiteur, est son salaire, son seruice est le mien ; le Prince mesme, à qui l'on doit toute sorte d'obeïssance, nous doit, sous ce mesme respect, sa protection. Finalement, de quelque condition que puisse estre vn homme, il est obligé, viuant en compagnie, de rendre quelque office à son associé : Vn office, dis-je, plus doux à rendre qu'à receuoir, qui plaist non seulement à celuy à qui on le fait, mais aussi à celuy qui le void faire. Il fait plus, il nous attire vn autre office à nostre besoin, il nous habituë à estre bien-faisans, & il concilie entre nous vne bienveillance mutuelle, & la bienveillance l'amitié, qui est de toutes les societez de la vie, celle où il y a le plus d'vnion, & qui par consequent est la plus parfaite.

De toutes les polices qui ont jamais esté, il n'y en a pas vne seule en laquelle le deuoir mutuel soit si expressément commandé qu'en la Chrestienne, qui veut que nostre amour propre soit la mesure de celuy que nous deuons porter à noſtre prochain. Le prochain en l'ancienne loy ne s'eſtendoit que juſques à l'homme circoncis; en la nouuelle, tout homme, quel qu'il ſoit, circoncis ou incirconcis, eſt noſtre prochain. Ce fut pourquoy quand on dit à IESVS-CHRIST que ſa Mere & ſes freres le demandoient, il monſtra ſes diſciples, & tous ceux qui eſtoient auprés de luy, en diſant, Voicy ma Mere & mes freres, pour faire voir que la charité ne fait aucune diſtinction de toy, de moy, ny de mes parens d'auec ceux qui ne le ſont pas : Mais comme il n'y a jamais eu qu'vn Dieu incarné, qui eſt vn exemple ſans exemple qui ſoit arriué à cette perfection, il ſuffit à l'homme de faire ses efforts pour y paruenir, & ç'a esté vn grand acheminement à la societé, de ce que quelque ressemblance qu'il paroisse y auoir entre les hommes, il ne laisse pas d'y auoir entr'eux vne dissemblance tres-notable, qui est exterieure & interieure : Exterieure, afin qu'on peust distinguer au dehors vn homme singulier d'auec vn autre homme, & qu'on peust connoistre par ce moyen à qui on a fait du bien, & de qui on en reçoit. Nous voyons qu'elle est interieure aussi, par la difference des applications de l'esprit de l'homme, qui ne procede que de la dissemblance qui est au dedans. Cette diuersité d'applications estoit absoluëment necessaire en la vie ciuile, pour nous obliger à nous entresecourir; joint aussi que tous les arts, qui sont, ce dit-on, autant de petites prudences figurées par les estincelles du feu du ciel desrobé par Promethée, qui se répandirent çà & là, & qui ont trouué par ce moyen chacun leur artisan qui les exerce en faueur de la communauté.

Vray-semblablement les premiers hommes vescurent du pasturage, estant épars çà & là, jusques au temps de Iabel, qui fut le septiesme depuis Adam, que l'Escriture remarque auoir esté le pere des habitans tentes, & des pasteurs; c'est à dire, que ce fut luy qui apprit le premier aux pasteurs d'assembler leurs troupeaux pour viure en societé, & de se faire des tentes, qui sont maisons portatiues qu'ils changeoient de lieu en autre, selon le besoin qu'ils en auoient pour le pasturage de leur bestail.

En ce mesme temps il se trouue aussi que Iubal, frere de Iabel, fut le pere de ceux qui touchent la harpe; & Tubalcaïn, son autre frere, fut forgeur de tous instrumens d'airain & de fer, disent les saintes Lettres. En quoy elles nous font voir que la musique, qui est representée par l'inuention de la harpe, a precedé tous les autres arts, pour deux raisons, comme ie croy, dont l'vne est que la vie de pasteur, qui estoit la premiere en ordre, estant oisiue, eut besoin du son de la voix & de l'instrument pour se passer auec moins d'ennuy, & pour tenir l'homme en quelque sorte de société auec soy-mesme, n'ayant point nulle autre sorte de diuertissement que celuy du soin de son troupeau, qui est vne occupation assez languissante ; & l'autre raison, parce que la musique estant composée de figures, d'accords, de mesures & de proportions, de toutes lesquelles choses la plus grande partie des arts mechaniques ont besoin, il estoit necessaire qu'elle les precedast.

Entre tous les arts, l'agriculture, qui fut pratiquée par Caïn, le premier fils d'Adam, est celle qui contribuë le plus aux necessitez de la vie ; parce que la terre ne nous peut rien donner que de sauuage, ny fruict, ny bled, ny vin, si elle n'est cultiuée ; ce qui ne se peut faire fans ferrement ; joint aufsi qu'il n'y a gueres d'art, foit mechanique ou liberal, qui n'ait eu befoin du compas & de la reigle pour la fabrique de fes inftrumens ; lefquels il euft efté affez difficile d'ajufter, fi le fer n'euft aidé à en faire le premier alignement. Ce n'eft pas que le monde en fon enfance n'ait pû fe paffer du labourage de la terre, mais depuis qu'il a efté accreu de plufieurs generations, il eft certain qu'il euft efté contraint de retomber dans fon premier neant fans l'inuention de la forge & des inftrumens d'airain & de fer, defquels le naufrage vniuerfel auroit aboly l'vfage, fi l'enclume & le marteau, qui font les principaux outils de la forge, ne fe fuffent

DE LA POLITIQVE. 183
retrouuez apres la retraite des eaux; & si Noé, & ses enfans, qui auoient vescu long-temps auant le Deluge, & qui vesquirent long-temps apres, ne leur eussent rendu leur premier vsage.

N'en desplaise aux Fables des Poëtes anciens, qui n'ont veu que comme des aueugles dans l'épaisseur des tenebres de l'antiquité, l'origine de tous les arts qui seruoient aux plus essentielles commoditez de la vie, ne peut auoir eu nul autre principe que celuy-là. Or comme la naturelle occupation de l'homme ne consiste qu'en trois differentes sortes de vies, dont la sensitiue est la premiere, la raisonnable la seconde, & l'intellectuelle la troisiesme; il y a aussi trois differentes sortes d'arts qui ont leur respect à chacune de ses vies; à sçauoir, les arts mechaniques à la vie sensitiue, les arts liberaux à la partie raisonnable de l'homme, & les sciences à son intellect; toutes lesquelles choses ont successiuement trouué leur vsage dans le progrez de la vie des hommes, selon la naturelle disposition d'vn chacun.

CHAPITRE XI.

LES PREMIERS MONARQVES n'ont point esté violents. Nembrot ne le fut point. Ils ont regné pluſtost par la force de la raiſon que par celle des armes. Les effets de l'vn & de l'autre. Quel doit estre vn Prince.

IL est aſſez difficile de deſcouurir quel a esté le commencement des premieres Monarchies, veu que la naiſſance du monde fut si pleine d'injuſtice & de diſſolution depuis Adam juſques au Deluge, qu'il ne paroiſt point qu'il y ait eu aux premiers siecles aucun veſtige de police ny de societé ciuile; ce qui fut cauſe que Dieu ſe repentit d'auoir fait l'homme.

Depuis le Deluge, la deſcente des enfans de Sem, qui fut la premiere tige d'où font iffus les Hebrieux, eft defcrite auec ordre & affez au long dans les liures de Moyfe; mais celle des enfans de Iaphet & de Cam, qui peuplerent le refte de la terre habitable, eft traitée fi legerement, qu'il n'y a rien qui puiffe nous donner quelque lumiere de l'hiftoire prophane, que ce qui eft dit de Nembrot, & de l'edification de la tour de Babel, où fe fit la confufion des langues. Moyfe remarque ces deux chofes comme en paffant, pour faire voir fimplement l'origine des peuples & des premiers Eftats, ne s'eftant point propofé d'efcrire l'hiftoire vniuerfelle, mais feulement celle de fa nation depuis le Deluge jufques à luy.

Nembrot, dit l'Efcriture, fut

celuy qui commença le premier d'estre puissant sur la terre, sans specifier si ce fut par la force des armes ou de la raison que s'establit son autorité. Elle remarque simplement qu'il fut vn fort veneur deuant Dieu, & que Babylon, & quelques autres villes furent le commencement de son Empire. Ce mot de fort veneur a esté expliqué en mauuaise part de quelques-vns des Interpretes, comme s'il auoit esté vn violent vsurpateur: mais il me semble qu'on pourroit donner à ces termes de l'Escriture vne explication plus douce & plus conuenable; parce que les hommes estant encore alors agrestes & sauuages, il leur fallut donner la chasse comme aux bestes pour les adomestiquer, & les reduire à la vie ciuile; ce qui ne se pouuoit faire qu'en joignant à la raison la force & l'autorité. C'est pourquoy l'Escriture l'appelle vn veneur robuste; & qui plus est, pour tesmoigner que cette force estoit legitime, elle remarque qu'elle se faisoit, *coram Domino;* c'est à dire sous l'obeïssance du Seigneur, comme il se void au premier chapitre d'Esther, vers. 4. où il est dit, que le roy Assuerus fit vn festin aux Grands & Gouuerneurs des Prouinces, *coram se,* lesquels deux mots, *coram se,* ont esté traduits par les Interpretes, sous son obeïssance.

Que si quelques-vns des Peres n'ont pas esté de cette opinion, il faut toutefois qu'aux choses qui sont douteuses & indecises comme

comme l'eſt celle-là, l'interpretation la plus fauorable doit toûjours eſtre ſuiuie comme la meilleure, pourueu qu'elle ne ſoit point contraire au ſens de la lettre.

Le monde eſt ſi vieux, & les Auteurs qui en ont eſcrit ſi modernes au reſpect de ſon antiquité, que nous ne pouuons auoir aucune lumiere de ce qui s'eſt fait aux premiers temps, que par la conuenance, qu'il y a des choſes preſentes auec les choſes paſſées. De là nous tirons quelques conjectures & quelque indication de ce qui s'eſt desja fait par ce qui ſe fait preſentement. Or eſt-il qu'il ne s'eſt point veu d'Eſtat ſe ſouſtenir longuement en ſon entier, qui n'ait point eu d'autre appuy que la violence; tefmoin l'Empire d'Alexandre le Grand, lequel pour s'eftre accreu par la feule force des armes, fouffrit plufieurs foûleuemens en fon progrez, & n'eut pas vn plus long terme de fa durée que de la vie de fon conquerant. Que fi la fondation de Rome a eu vn meilleur fuccez, cela eft deu a la prudence de Numa, lequel affeura par la Religion, par de bonnes loix, & par vne longue paix, ce que Romulus fon predeceffeur auoit conquis par la force. Ce qui me donne fujet de conjecturer que Nembrot ne fut point vn homme violent, mais pluftoft vn fage politique, qui fut appellé robufte veneur pour auoir efté tres-exact à maintenir la juftice, & peut-eftre fuſt-ce ce Belus duquel l'hiſtoire prophane fait mention. Ie le juge par la ſuitte de l'Eſcriture, qui dit que de cette terre où commandoit Nembrot eſt ſorty Aſſur qui edifia Niniue. Cét Aſſur doit eſtre Niuas, ſucceſſeur de Belus, qui tous deux furent les premiers Monarques des Aſſyriens.

Plutarque en ſon traité d'Iſis & d'Oſiris, dit qu'il y eut en Egypte vn roy nommé Oſiris, lequel retira les Egyptiens de la vie indigente & ſauuage, en leur enſeignant à ſemer & à planter; en leur eſtabliſſant des loix ; & en leur remonſtrant à reuerer & honorer les Dieux. Et que depuis allant par le monde, il appriuoiſa les hommes ſans y employer la force des armes; mais en les attirant &

N ij

gaignant par douces perſuaſions & remonſtrances qui eſtoient miſes en vers, & ſe chantoient. Et d'autant que ce Prince fut tres-aduiſé, les Egyptiens auoient accouſtumé de le repreſenter en leur hieroglifique par vn œil qui eſtoit poſé ſur vn ſceptre, pour monſtrer que ſa prudence eſtoit au deſſus de ſa puiſſance. Et meſme il eſt vray-ſemblable, dit-il, que ce nom d'Oſiris luy fut donné pour deſigner ſa preuoyance; parce qu'en leur langue le mot d'*Os* ſignifie pluſieurs, & *iris*, vn œil, comme s'ils euſſent voulu dire que leur Prince eſtoit tout voyant.

Le meſme Auteur au meſme traité, dit, que l'ancien peuple d'Egypte auoit eu par le paſſé en telle abomination les delices, & toute superfluité, que dedans le Temple de la ville de Thebes il y auoit vne colomne quarrée, sur laquelle estoient grauées, par le commandement de Thignatis, qui fut vn sage Prince, des maledictions & des execrations à l'encontre du roy Miuis, qui fut le premier, qui destourna les Egyptiens d'vne vie simple & sobre, sans argent & sans richesses, laquelle ils menoient auparauant.

Leurs Roys s'élisoient alors de l'ordre des Prestres, ou des gens de guerre, qui estoient deux ordres reuerez parmy eux ; mais s'ils estoient esleus des gens de guerre, ils deuoient en mesme temps estre initiez en l'Ordre de Prestrise, & se faire instruire dans les mysteres de leur Sapience, afin de se rendre capables non seulement de bien commander, mais aussi de gouuerner leur Estat auec prudence.

On peut donc colliger de tous ces exemples, que les premiers hommes qui ont esté puissans sur la terre, ont plustost employé leur bon sens que la force des armes pour se mettre en possession de leur autorité. Ce qui nous est tresbien figuré par la peinture de nostre Hercule Gaulois, lequel estoit representé traisnant apres soy, sans aucune resistance, vne multitude infinie d'hommes enchaisnez par les aureilles auec de petits filets d'or, qui auoient leur insertion dans la racine de sa langue, qui estoit l'organe de son raisonnement, sans employer ny sa masse, ny ses fleches, ny son arc qu'il auoit en main, comme estant moyens inutiles pour reduire l'homme à la vie ciuile. La harpe d'Orphée, & celle d'Amphion, nous sont encore vne figure, que l'harmonie du bon sens & de la droite raison nous suffit pour ciuiliser les hommes, pour appriuoiser les bestes sauuages, & pour bastir vne grande cité.

Que si d'ailleurs on considere, en tournant le reuers de la medaille, les effets de la guerre, ses machines, son attirail, les sieges, les assauts, les incendies, les pillages, la licence de tout faire impunément, d'enchaisner, d'emprisonner, d'exiler, de confisquer, de tuër, & de violer indifferemment filles & femmes, qui font autant de maux inseparables des armes, difficilement se pourra-t'on persuader que la liberté de commettre tous ces excez, ait pû seruir d'vn solide fondement aux premiers Estats.

Tous les effets que produit la guerre sont si ruïneux, qu'il n'y a point d'homme de bon sens qui puisse estre persuadé que ce soit vn moyen propre pour edifier. Or est-il qu'il n'y a point vn plus bel edifice à voir que celuy d'vne cité, dont les parties sont si bien jointes & compassées entr'elles, qu'il n'y en a pas vne qui n'ait sa juste proportion auec son tout: cette symetrie ne procede que de la suffisance de l'esprit de l'Architecte, & non pas de la force de ses bras.

DE LA POLITIQVE. 197
L'hiſtoire nous apprend qu'vn des Chambelans du roy de Perſe eſtoit ordonné d'office pour luy venir dire tous les matins à ſon reſueil, Leue-toy Sire, pour mettre ordre aux affaires auſquelles Mezoromaſdes t'a commis. La droite raiſon eſt ce Chambelan qui doit toûjours eſtre au reſueil du Prince, pour le faire ſouuenir que puis qu'il repreſente Dieu ſur la terre, il doit gouuerner ſon Eſtat comme Dieu gouuerne le monde, duquel la reuolution, nonobſtant la rapidité de ſon mouuement, ſe fait auec ordre, paiſiblement, & ſans bruit. Le Prince n'eſt l'image de Dieu, qu'entant qu'il eſt juſte, equitable & preuoyant comme luy. Si toutes ces qualitez-là luy man-

quent, il n'est pas capable d'exercer cét art que Platon appelle en quelque lieu, *Ars ad animam pertinens;* & en quelque autre, *Ars regia*, qui est vne prudence politique de bien gouuerner vn Estat, à laquelle sont soûmis, comme à leur reyne, tous les autres arts liberaux & mechaniques ausquels elle donne la loy, & desquels elle se sert comme de ses manœuures.

Il n'y a point d'artisan, tant soit-il mechanique, qui n'ait l'ambition de vouloir exceller en son art; Vn Roy qui doit auoir l'ame autant éleuée que l'est sa condition, sera-t'il si pusillanime que de laisser auillir entre ses mains la dignité de son mestier?

Voicy quel est le mestier du Prince, d'aymer ses sujets; d'en

DE LA POLITIQVE. 199
auoir pitié ; de leur eftre humain à tous ; & de ne point fouffrir qu'on leur faffe aucune injure qu'elle ne foit reparée, parce qu'il leur doit fa protection ; d'offrir à Dieu fon cœur en oblation, parce qu'il n'y a point de facrifice qui luy foit plus agreable que celuy-là, pourueu qu'il foit pur & net ; qu'il tienne pour vne maxime indubitable, qu'il n'y a point de fortereffe plus feure que celle d'vne bonne confcience, ny de garde plus fidelle que la bien-veillance de fes fujets.

Qu'il permette aux Iuges de luy dire la verité, & qu'ils ayent vn libre accez auprés de luy pour en receuoir quelque inftruction.

Qu'il ne fe faffe point d'égaux, mais qu'il approche de luy ceux qui sont capables d'annoblir sa Cour, & de faire honneur à son Conseil.

Qu'il ne se commande pas moins qu'aux autres, afin de n'estre pas assujetty à ses passions; mais qu'il en soit encore plus le maistre que de ses sujets.

Qu'il soit tel que ses sujets ayent plus d'admiration de sa vertu, que de sa fortune.

Que ses mœurs soient si reiglées, que ses sujets ne se puissent point proposer vn meilleur exemple que le sien, parce qu'il luy seroit honteux d'auoir plus de puissance & moins de vertu qu'eux.

Si le Prince veut estre bien obey, il faut qu'il soit vn obseruateur tres-exact de tout ce qu'il commandera, parce que la parole

DE LA POLITIQVE. 201
se fait entendre simplement aux aureilles de celuy qui l'escoute, & que le bon exemple parle à son entendement ; joint aussi que si la voix de tout instrument n'est conforme à son institution, il la destruit au mesme temps qu'il la donne; il esgare luy-mesme, en se déuoyant, celuy-là mesme auquel il ordonne de le suiure. Les bons exemples en la personne des Roys ont quelque chose en soy de plus majestueux & de plus autoritatif & puissant à ce faire, que n'ont leurs commandemens. Le rang qu'ils tiennent dans le monde est si respecté, qu'ils semblent commander tout ce qu'ils font, outre que le desir qu'on a de leur plaire en les imitant, est plus imperieux que ne sont toutes leurs menaces.

Ie finis ce Chapitre par vn conseil donné de Dieu, tiré du Deuteronome sur la fin du Chapitre dix-sept. Quand le Roy sera assis sur son trosne, il prendra des Leuites vne copie du liure de la Loy, qu'il aura toûjours auec luy pour la lire tous les jours de sa vie, afin qu'il apprenne à craindre son Dieu, & à obseruer les commandemens & les ceremonies de la Loy, de peur que son cœur ne decline de la voye du Seigneur, & qu'il ne s'en-orgueillisse au dessus de ses freres, s'il desire que luy & ses enfans regnent longuement sur son peuple.

DE LA POLITIQVE. 203

CHAPITRE XII.

DE LA PROFESSION DE LA Iustice & des Armes, qui eurent vn mesme commencement; mesmes honneurs; & qui furent exercées par de mesmes personnes; Et comme quoy s'est fait leur diuorce.

LA premiere place, qui est celle du Prince, tel que ie l'ay representé, ayant esté prise, comme il n'y a rien au monde qui ne soit subordonné l'vn à l'autre, & qu'vn tout ne subsiste qu'en ce que ses parties, les moins dignes sont soûmises de proche en proche aux plus dignes, ausquelles elles sont alliées. La nature, qui est vniforme par tout, a suiuy le mesme ordre en la societé de l'homme auec l'homme; car apres qu'il fut asseuré de sa vie, de la pureté de son lict, de la joüissance de son bien, & qu'il se veid garanty du mal que peut causer le faux tesmoignage sous les defenses de ne commettre pas vne de ces choses, qui furent trouuées si conformes au sens commun, qu'on en conuint vnanimement sous l'autorité de celuy, qui dans vne confusion publique fut le premier qui representa la necessité de les establir.

Il fallut en suitte aduiser aux moyens de rendre non seulement ces loix inuiolables au dedans, pour ne retomber pas dans la premiere confusion, mais asseurer aussi l'Estat au dehors contre l'inuasion des peuples qui n'estoient point encore en societé. Ce fut donc vray-semblablement en ce besoin

besoin commun, que ceux qui se trouuoient auoir assez de capacité pour appliquer à l'vsage de la vie ciuile ces premieres loix, ausquelles en effet se peut rapporter mediatement ou immediatement, comme à vne source commune, tout le commerce de l'homme auec l'homme. Et que ceux aussi qui se sentoient auoir assez de force & de vigueur pour employer leur vie, par la voye des armes, à leur defense propre & à celle de leurs concitoyens, se presenterent à la communauté pour cét effet. La proposition de rendre ce seruice public fut esgalement bien reccuë du Prince & du peuple; du Prince, qui se voyoit par ce moyen fortifié de deux sortes d'adjoints, qui luy estoient absoluëment necessaires pour la conduite & pour la seureté de l'Estat, sous son autorité ; & du menu peuple aussi, qui se trouuoit en ce faisant deschargé du poids de la guerre, & du soin de l'interpretation & de la manutention des loix, qui sont charges penibles & perilleuses desquelles il se sentoit incapable.

Il y a quelque vray-semblance que ces deux corps, de l'vn desquels est composé celuy de la Iustice, & de l'autre celuy des gens de guerre, se formerent ainsi ; & que ceux qui se trouuerent capables d'entrer en la composition de l'vn & de l'autre, se rallierent ensemble, comme font naturellement toutes les parties homogenées, qui ont quelque conuenance entr'elles. Car de s'imaginer que cette élection se soit faite par la nomination du Prince, ou par les suffrages du peuple, il n'y a aucune apparence; d'autant qu'à la naissance des loix, quand le premier ralliement se fit, le merite & le talent particulier d'vn chacun ne pouuoit pas encore estre reconnu.

I'ay dit cy-dessus que tout ce qui se passe en la vie ciuile (ie laisse à part le droit diuin) se pouuoit mediatement ou immediatement reduire sous l'estenduë de ces quatre premieres defenses.

Qu'ainsi ne soit, sous celle de ne point tuër est comprise toute sorte de violence faite contre le corps de la personne; toute blesseure, toute injure qui oste la reputation, l'honneur de l'homme luy eſtant plus precieux que ſa vie, & finalement tout excez, quel qu'il ſoit, qui peut cauſer à celuy qui le fait, ou qui le ſouffre, vne maladie mortelle.

La ſeconde defenſe, en nous aſſeurant qu'il ne s'eſt commis aucune ſoüilleure en noſtre mariage, nous donne vne certitude que nos enfans ſont legitimement à nous; d'où procede naturellement vne obligation de les eſleuer, de les faire inſtruire, de les marier, de les doter, de leur laiſſer noſtre patrimoine, de le leur partager, & de les pouuoir exhereder; qui ſont autant de ruiſſeaux differens, qui tirent leur origine de cette defenſe, qui ſeroient troublez s'il y auoit eu quelque souilleure en leur source qui leur est commune. Sous ce mesme chef se reduit aussi tout ce qui dépend du diuorce, & tous les droits que peuuent pretendre les veuues.

Sous la troisiesme defense, qui est de ne point desrober, est compris tout attentat sur le bien d'autruy, quel qu'il soit; toute retention de debtes, de depost, de droits du Roy, qui sont legitimement deus ; toute retention de gages & de salaire; toute concussion & tout gain, de quelque nature qu'il puisse estre, où la bonne foy n'est pas gardée.

Le faux tesmoignage comprend sous soy toute detraction, toute calomnie, & rend le criminel responsable deuant Dieu, & les hommes de toute l'injustice qui s'est faite à cause de son faux tesmoignage.

Ainsi nous voyons qu'il y a peu de choses dans le droit ciuil qui n'ait sa dépendance de quelqu'vn de ces commandemens; de l'inexecution desquels sont aussi procedées toutes les loix peinales. Que si leur reduction à l'vn, ou à l'autre de ces chefs, n'a pas esté d'vn petit trauail aux premiers Legislateurs, elle n'a pas esté moins perilleuse quand il a fallu faire obseruer la peine de leur transgression à vn peuple qui passoit tout fraischement du desordre à l'ordre, & d'vne vie tumultueuse & dissoluë, à vne vie reiglée, à laquelle il se voyoit obligé de s'assujettir. Quoy que nous ne

sçachions que par conjecture ce qui s'est fait à la naissance des premieres loix, l'histoire que nous en auons, en nous donnant quelque indication du passé par le present, nous fait voir qu'elles n'ont pû s'establir ny se maintenir sans que le Legislateur n'ait couru beaucoup de peril. L'establissement de celles de Lycurgus ne se pût faire que par la perte de l'vn de ses yeux, leur maintien cousta la vie à Agis & à Cleomenes. Solon, en voulant soustenir les siennes, fut reduit à vne fuite honteuse de la place publique en sa maison. La vie du jeune Caton a esté plus souuent en danger dans les assemblées de villes qu'elle ne l'a esté dans les armées, pour la defense des loix de son païs. Pho-
O iiij

cion, pour le mesme sujet, fut executé à mort par la voix d'vn peuple duquel il auoit commandé les armées l'espace de plus de cinquante ans. Ie puis adjouster à tous ces exemples illustres celuy de feu M. le Garde des Sceaux Molé, lequel estant premier President a exposé sa vie en diuerses occasions pour le maintien des loix de l'Estat. Tout Paris est tesmoin, que sa resolution dans ce peril, a souuent fait changer les volontez d'vn peuple seditieux qui l'attendoit à la sortie du Palais pour le massacrer; & qu'apres s'estre ouuert le passage luy-mesme, faute d'huissier, au trauers d'vne foulle tumultueuse de peuple, se faire, auec vn visage asseuré, conduire respectueusement jusques dans sa chambre par ceuxlà mesme qui s'estoient assemblez pour le tuër.

Nous voyons en tous ces exemples combien a esté penible la digestion des loix en leur ordre, & combien le soin de les faire bien obseruer a esté perilleux à ceux qui en ont fait la profession. Que si l'on considere aussi à combien de maux les gens de guerre sont sujets, au froid, au chaud, à la faim, à la soif, à se retrancher, à camper, à veiller, à marcher jour & nuict, à estre sous les armes, & sur leur garde à toute heure pour la seureté publique, il semble qu'il y ait quelque sorte d'equité que ceux qui souffrent toutes ces incommoditez pour en exempter leurs concitoyens, meritent de tenir au dessus d'eux le premier rang.

En effet, le peril & le trauail d'vn homme de Iustice est beaucoup moindre & moins ordinaire que ne l'est celuy d'vn homme de guerre ; attendu que le dernier, outre toutes les peines susdites, est obligé de s'exposer souuent au danger d'estre tué, ou fait prisonnier, pour conseruer le bien, la vie, & la liberté publique ; ce qui ne peut arriuer à l'homme de Iustice, que dans vne sedition populaire.

Ce n'a donc pas esté sans raison qu'on a deferé le rang le plus noble à l'homme de guerre ; parce que, comme il n'y a point vn plus grand bien selon nature, que celuy de la liberté, on a estimé que ceux-là qui d'eux-mefmes ont les premiers déuoüé leur fang pour conferuer celuy du public, meritoient auffi, felon la mefme nature, les premieres places d'honneur dans l'Eftat.

Mais voicy apparemment comme s'eft faite la jonction de ces deux profeffions: L'homme de Iuftice fe voyant efloigné d'vn degré d'honneur de l'homme de guerre, fe propofa, pour fe rendre fon égal, de fe faire homme de guerre auffi. En effet la fcience de bien faire toutes les fonctions militaires, & celle de la Iuftice, qui confifte à bien refoudre & à bien difcuter vne affaire felon l'interpretation des loix, ne font point incompatibles; parce que l'vne & l'autre fonction ne fe font que par le moyen du bon sens, qui est vne reigle applicable à toutes sortes de professions. La possibilité de l'vn & de l'autre employ dans vne mesme personne, nous a esté representée en quelque façon par les Poëtes anciens sous le nom de Pallas, qu'ils reconneurent pour estre la Deesse de la prudence politique & de la guerre. La Fable, en la faisant sortir armée du cerueau de Iupiter, qui est le lieu où reside le jugement, nous a enseigné que l'effet d'vn bon conseil, & de son execution, n'ayant qu'vn seul & mesme principe, se pouuoit accomplir conjointement par vne mesme personne.

L'exercice de ces deux professions ensemble a esté pratiqué dans tous les Estats qui ont esté le mieux reiglez. Moyse fut le Capitaine & le Legislateur du peuple d'Israël; quand il esleut des hommes vertueux, craignant Dieu, veritables, & haïssant l'auarice, & les constitua Princes sur milliers, centaines, cinquantaines, & dixaines d'hommes. Il confera à chacun d'eux non seulement le pouuoir de juger les differends de ceux qui estoient sous leur charge, mais aussi vne autorité militaire; parce que leur reduction par decuries, escoüades, compagnies & regimens, est vne repartition de milice, où le commandement est fort absolu, & l'obeïssance tres-exacte; outre que le peuple de Dieu marcha toûjours dans le desert, & campa en corps d'armées, où les officiers exercent l'vne & l'autre jurisdiction. Apres la mort de Moyse, Iosué eut la mesme autorité, & ceux qui jugerent le peuple apres eux, estoient ceux-là mesme qui le menoient au combat.

Nous apprenons de l'histoire Grecque, qu'en toutes leurs Republiques, ceux qui estoient employez au conseil des affaires, l'estoient au commandement des armées. Entre les Romains, les jeunes gens passoient de la milice au barreau, & du barreau à la milice. Les personnes de qualité exerçoient tantost l'vne & tantost l'autre profession ; ils alloient du Senat à l'armée, & de l'armée au Senat, pour consulter ou pour commander successiuement où ils se trouuoient : Tel estoit vne

DE LA POLITIQVE. 219
année Colonel de la caualerie, Mestre de Camp, Lieutenant, ou General d'vne armée, qui l'année suiuante faisoit la fonction de Lieutenant ciuil ou criminel, de grand Voyeur, de Tribun du peuple, d'Intendant ou Controolleur des Finances, ou de simple Conseiller d'Estat.

Finalement dans ce Royaume les noms de Connestable, de Mareschaux de France, de Ducs, Pairs, Marquis, Comtes, Barons, Baillifs, Seneschaux, Preuosts, ont esté, & quelques-vns le sont encore, titres de jurisdiction, comme de dignité, sous le nom desquels nos Roys confererent le premier degré d'honneur, qui est celuy de la Noblesse, à ceux de leurs sujets qui en firent les premieres fonctions.

Mais comme toutes choses sont dans vne perpetuelle reuolution, il est arriué dans la suitte du temps que sur le declin des Estats de la Grece, les Orateurs se meslerent simplement de haranguer le peuple touchant le gouuernement public, sans aller à la guerre. Et qu'à Rome, sous les Empereurs, ceux du Senat n'eurent plus d'autre employ que celuy de l'expedition des affaires & de l'interpretation des loix ; & qu'aussi les Grands parmy nous, pour s'employer entierement aux fonctions de la guerre, quitterent le droit de jurisdiction qu'ils auoient sur leurs tenanciers, & sur leurs vassaux, & le transfererent à quelques personnes qui leur estoient soûmises & inferieures.

Ce

DE LA POLITIQVE. 221

Ce fut alors que la profession de la Iustice se trouua rabaissée d'vn degré au dessous de celle qui se conserua l'employ le plus noble, qui est celuy des armes.

Tout autant de temps que ces deux professions se sont exercées conjointement, il est certain que celle de la Iustice se faisoit auec plus de dignité, parce qu'elle retenoit encore de celle des armes ie ne sçay quelle audace, qui luy donnoit plus de lustre & d'autorité. Mais depuis que la Noblesse a dédaigné d'exercer cette fonction, & qu'elle a passé en d'autres mains qui ont esté mercenaires, on a veu qu'elle s'est peu à peu insensiblement auillie. Les premiers Iuges, outre la connoissance des armes qu'ils auoient, & des

P

affaires d'Eftat, auoient le pouuoir de refoudre les difficultez du Droit; d'y adjoufter ce qui eftoit obmis, & d'en retrancher ce que l'abus y auoit introduit. Les derniers en ont troublé la fource, quand ils ont affujetti l'équité des loix fous de certaines formes de pratiques qui les ont corrompuës. Et auffi quand ils ont permis que le corps du Droit, qui nous a efté donné fi net & fi bien interpreté par les anciens Iurifconfultes, ait efté chafourré de glofes impertinentes plus obfcures que le texte, & tellement furchargé de cas & d'incidents, qui n'arriuent jamais, qu'il femble que les decifions, qui font nées de cette confufion, ne font rien autre chofe que playes & bleffeures faites fur l'integrité du corps des loix, qui pour estre bien establies ont besoin seulement d'estre le plus qu'il se peut conformes à la simplicité de nature. Ainsi il ne se faut point estonner si la fonction de la Iustice, apres son diuorce d'auec celle des armes, a esté reduite auec le tiers Estat, comme ayant dérogé à la noblesse de son premier employ.

CHAPITRE XIII.

QVE LA LOY HVMAINE a precedé la loy diuine. Des esgaremens de l'esprit de l'homme en la recherche de Dieu. Et des premiers commencemens de l'idolatrie.

DAns la definition que j'ay donnée de l'Estat Monarchique, j'ay dit que c'estoit vne societé de plusieurs personnes viuant ensemble reduite par familles, villages, villes & Prouinces, sous le respect d'vn deuoir mutuel, & sous l'vnité d'vne loy humaine & diuine. Ie mets la loy humaine auant la diuine, d'autant que l'homme n'a pû viure en societé (comme ie l'ay remarqué cy-deuant) qu'il ne fust auparauant conuenu auec ses associez, que l'vn ne feroit point à l'autre ce qu'il ne voudroit point luy eftre fait, qui eft vne loy purement humaine, qui ne regarde que l'intereft de l'homme auec l'homme ; de laquelle loy les defenfes de ne commettre point d'homicide, d'adultere, de larcin, ny de faux tefmoignage, ne font qu'autant de dependances.

En effet, fi ces quatre commandemens, qui ne font deuenus de droit diuin, que depuis que la loy écrite nous a efté donnée, eftoient exactement gardez, il eft certain que leur feule obferuation fuffiroit à l'homme pour viure en focieté, fans auoir befoin de la connoiffance de Dieu, non plus que tous les autres animaux, qui font tellement fociables, que s'il arriue entr'eux quelque sedition pour contenter quelque appetit de leur sens, leur societé ne se trouble que pour vn petit instant seulement, sans souffrir vne plus longue interruption.

Mais d'autant que toutes sortes d'animaux, à la creation desquels ont esté simplement employées la terre & l'eau, n'ont eu besoin pour viure ensemble & se conseruer, que de ce qui est produit par ces deux elemens; & que l'homme, qui est l'ouurage de la main & du souffle de Dieu, a esté creé pour vne fin beaucoup plus noble, laquelle consiste en la connoissance de son principe, il a esté obligé de rechercher quel est ce principe, quelles sont les voyes qu'il faut tenir pour aller à luy,

& apres les auoir trouuées de les suiure. Mais certes cette recherche de Dieu, & de ses voyes, a esté si obscure & si sombre au commencement du monde, qu'il ne se faut point estonner si l'homme a fait mille esgaremens & mille fausses routes auant que de la rencontrer; tesmoin toutes les fausses religions & fabuleuses diuinitez qui ont esté reuerées au temps passé, & le sont encore presentement en quelque partie du monde.

Durant cette commune ignorance qu'on eut de la Diuinité, les Histoires anciennes nous apprennent que les premiers conquerans estant deuenus insolens pour s'estre assujettis leurs voisins, s'imaginoient que comme ils auoient eu plus de puiſſance qu'eux, il y auoit en eux auſſi quelque choſe de plus conſiderable; ce qui leur donna la preſomption de ſe faire rendre quelque reſpect plus qu'humain. Et d'autant qu'ils ne pouuoient pas receuoir en perſonne cét honneur dans toutes les Prouinces de leur Eſtat, ils y enuoyerent leur image peinte, ou en boſſe, auec ordre qu'on euſt à la reſpecter aux lieux où elle ſeroit poſée. Les grands y obeïrent par complaiſance, pour eſtre agreables au Prince, & les petits par crainte, ou par imitation.

Nous trouuons dans la Sapience de Salomon, chap. 14. vne autre raiſon de cét abus; à ſçauoir, Qu'vn Prince affligé de la mort de ſon fils, commanda que pour en conseruer la memoire, on en fist le portrait ; & que ses sujets luy fissent des sacrifices comme à vne Diuinité. Depuis ce mesme honneur fut transferé du portrait du fils au portrait du pere quand il fut mort, dont la coustume fut successiuement obseruée de Prince en Prince, en faueur du dernier mourant, comme si c'eust esté vne loy du pays. Et afin que ceux qui se trouuoient esloignez de la Cour ne fussent pas dispensez de ce mesme deuoir, on leur enuoya dans les Prouinces l'image du Prince, à laquelle on estoit obligé de rendre les mesmes respects comme s'il y eust esté present. Enfin l'excellence de l'artisan, qui n'oublia rien pour bien representer & enrichir cette image, ayda fort à cette idolatrie. Le menu peuple ayant esté aisément attiré par cette belle representation à reconnoistre quelque chose de plus qu'humain dans vne image de pierre ou de fonte qu'il voyoit auoir esté si bien mise en œuure.

La plus apparente opinion de la naissance de l'idolatrie, selon mon aduis, est que le premier abus qui s'est commis contre le vray culte de Dieu, soit procedé de ce qu'au commencement du monde les hommes y estant venus sans sçauoir aucun art ny aucun mestier, se trouuerent despourueus de toutes les commoditez de la vie. Ceux donc qui les premiers inuenterent les moyens de subuenir aux necessitez com-

DE LA POLITIQVE. 231

munes, comme d'auoir soin du bestail, de labourer la terre, de la semer, de planter la vigne, & de la cultiuer, qui furent Cerés & Bachus, receurent les premiers honneurs diuins. A ceux-cy succederent ceux qui purgerent le monde de tyrans & de monstres, comme firent Hercules & quelques autres Heros. Et finalement ceux qui disposerent les hommes à la vie ciuile, & leur donnerent des loix capables d'entretenir leur societé, comme furent celles de Minos, le plus ancien de tous les Legislateurs profanes, qui furent trouuées si equitables parmy les viuans, que mesme apres sa mort il fut estimé dans les enfers estre le juge & l'arbitre des peines & des recompenses des morts.

Il est donc bien plus vray-semblable que les hommes ayent eu plus de disposition à deferer des honneurs diuins à ceux qui ont inuenté les arts, & leur ont appris à viure ensemble sous l'obeïssance d'vne loy qui a rendu paisible leur societé, qu'à ceux qui les ont exigez par violence, comme on dit que Belus, Niuas, & quelques autres conquerans ont fait. La fumée de l'encens qui brusle gratuitement sur l'autel en reconnoissance de quelques bien-faits receus, a quelque chose en soy de bien plus doux, que celle d'vn encens qui est jetté par crainte & par force dans le feu. Ce dernier pousse vne vapeur aspre & fâcheuse, qui contriste autant le cerueau de celuy qui l'allume, que l'autre, qui est volontaire & gratuite, le conforte & le resigne.

La gratitude est si naturelle à l'homme, que l'enfant donne les premieres preuues de la sienne à sa nourrice quand il la caresse de la main estant attaché à son tetin, ou quand il soûrit, ou qu'il se jouë auec celuy qui le desennuye. Nous voyons en suitte qu'à la sortie de son enfance ses premieres affections se donnent à son bienfacteur, & que si-tost qu'il est homme fait, & que le ressentiment d'vn plaisir qu'il a receu commence à estre fortifié de sa raison, c'est alors que la nature desploye toutes ses puissances, pour ne paroistre pas ingrate enuers luy ; parce qu'il pense non seulement à se des-obliger, mais il veut à son imitation estre bienfaisant comme luy.

C'est pourquoy l'on ne peut douter qu'apres les aduantages que receurent les hommes de l'institution de cette premiere loy naturelle, de mesurer autruy par soy-mesme, qui est la source & la mere nourrice de toutes les autres loix, l'on ne soit aisément conuenu, non seulement de quitter le premier rang à son instituteur, mais aussi de luy rendre tous les tesmoignages de gratitude desquels on se peut auiser; parce qu'il n'y a point de bien-fait, tant petit soit-il, qui n'excite dans l'ame de celuy qui le reçoit quelque mouuement de reconnoissance. Et d'autant que le principe de ce mouuement interieur de l'ame est immateriel & mental simplement, & qu'il a fallu le rendre intelligible à celuy qui l'excitoit par quelque signe exterieur & sensible, le Sage a introduit pour cét effet les inclinations du corps, les genuflexions à l'abord de celuy qu'on respecte, les acclamations de joye quand il sort en public, & la sujettion de se tenir descouuert & debout en sa presence; toutes lesquelles choses sont autant de marques exterieures de reconnoissance, qui expriment le sentiment interieur & la soûmission de celuy qui les rend enuers celuy qui les reçoit.

L'illusion de tous ces honneurs rendus fit auoüer aisément à celuy qui les receuoit, qu'on deuoit encore plus a son merite, tant est insinuant & subtil le venin de la flatterie & celuy de la complaisance de soy-méme; de sorte qu'estant infatué de ce doux poison, il est vray-semblable qu'il consentit non seulement qu'on luy erigeast des autels, mais qu'il voulut aussi que sa statuë en son absence fust reuerée comme sa personne. Tels ont esté les premiers fondemens de l'idolatrie, qui est plus ancienne que le vray culte de Dieu, comme les mauuaises mœurs sont plus vieilles que leur reformation. Mais depuis qu'on eut consideré que l'homme qu'on reueroit estoit mortel, que sa memoire s'éuanoüissoit peu à peu comme vn beau songe; & que les statuës qu'on luy auoit erigées se moisissoient, & tomboient par morceaux

DE LA POLITIQVE. 237
morceaux auec le temps, on s'apperceut qu'on s'estoit abusé, & qu'il falloit reuerer quelqu'autre nature plus puissante, qui ne fust point sujette à toutes ces mutations.

Apres qu'on eut fait vne reueuë sur toutes les choses qui tombent sous les sens de l'homme, on trouua qu'il n'y auoit rien icy bas de plus agissant, ny de plus necessaire pour toutes les commoditez de la vie que le feu. Que sans son ayde tout ce qui peut seruir à l'vsage & à la nourriture du corps, ne se peut ny apprester, ny assaisonner, on veid que la fonte du fer & de l'airain, de laquelle toutes sortes d'arts mechaniques ont besoin, ne se pouuoit faire sans feu; que sa presence nous donnoit vn autre

Q

jour en esclairant les tenebres de la nuict, qui estoit prolonger nostre vie en quelque façon, & que la chaleur naturelle n'est qu'vn feu subtil qui viuifie toutes les parties du corps. Toutes ces raisons obligerent quelques-vns des anciens de reuerer le feu comme vne Diuinité familiere sous les noms de Lares & de Penates, ausquels ils firent vne niche dans le coin de leur foyer, en reconnoissance des biens qu'ils en receuoient, & pour s'imposer aussi la necessité de viure plus respectueusement, estant assemblez en ce lieu-là, qui est la place la plus ordinaire où se fait le r'alliement de toute la famille.

L'homme donc estant encore en famille, fut en quelque sorte

excufable de reuerer en fon foyer vne puiffance, fans laquelle il fembloit qu'il ne pouuoit joüir des autres commoditez de la vie; Mais quand il fut reduit fous la communauté d'vn Eftat où tout fe faifoit auec ordre par l'autorité du Prince & de la loy, & qu'il eut veu qu'vn amas de plufieurs familles differentes fe maintenoit auec fi peu de confufion, qu'on euft dit que ce n'eftoit qu'vne feule famille affujettie fous vn mefme deuoir, ce fut alors qu'il reconnut qu'il y auoit quelque autre Diuinité plus puiffante que celle du foyer, qui fut appellée Tutelaire par quelques-vns des Anciens, en donnant le nom de la caufe à l'effet. Les vns pour s'accommoder à la foibleffe du peuple, qui veut des Dieux naturels, la representerent sous vne forme humaine, comme fut le Palladium des Troyens; mais les plus sages voulurent que cette Diuinité tutelaire fust toute simple & toute spirituelle, sans auoir ny forme, ny sexe, ny aucun nom. Toutefois pour contenter le menu peuple, qui ne croid point de Dieux que ceux qu'il void & qu'il touche, on luy fit croire qu'on ne pouuoit donner de nom propre à cette Diuinité sans sacrilege, & sans la profaner; & que mesme on n'osoit en faire la representation sous aucune forme, de peur qu'elle ne fust attirée par enchantemens des peuples voisins pour en auoir la protection au lieu d'eux.

De toutes les opinions qu'ont eu les anciens de la Diuinité, il n'y en a point eu qui ait esté plus conforme à la nature de Dieu, que celle qu'ils ont appellée Tutelaire, veu la simplicité de son essence. Mais comme il n'y a point de creance qui soit plus vniuerselle que celle de Dieu, ny de connoissance qui soit plus obscure à l'homme que celle de son essence; son incapacité de la reconnoistre a esté cause de tous les esgaremens qu'il a faits, quand il s'est formé tumultuairement vne infinité de Dieux au lieu d'vn. Qu'aux vns il leur a donné leur departement au ciel, en la terre, aux abysmes, & sur l'eau. Qu'il a voulu que les autres ayent eu l'intendance du jour, de la nuict, des arts, des sciences, du trafic, des mariages, des enfantemens ; & mesme quand son aueuglement a esté si grand que d'auoir basty des temples à ses maladies & à ses propres passions.

Chapitre XIV.

Dieu fut peu connu au commencement du monde. On le connoist en deux manieres; dont l'vne est intellectuelle, & l'autre sensible. Il n'y a rien en la Loy Chrestienne morale qui ne soit conforme à nature.

Quand ie consulte les saintes Lettres, ie trouue que dans vn nombre d'hommes & d'années presque infiny, il n'y a eu auant le Deluge qu'Abel, & les maisons d'Enoch & de Noé; & depuis le Deluge, que celle d'Abraham, qui ayent eu quelque connoissance de Dieu. Si d'ailleurs aussi ie consulte l'Histoire profane, ie trouue qu'il n'y a aucune sorte de crime, comme de parricide, de felonnie, d'inceste,

Q iiij

d'adultere, & de mauuaife foy, qui n'ait efté commis par les Dieux des Gentils; & que par confequent il a fallu que les premieres Diuinitez qu'ils ont reuerées ayent efté fauffes : ce qui me donne fujet de croire que l'enfance du monde s'eft paffée fans qu'on ait reconnu que bien peu la diuinité de celuy qui en a efté le Createur; & que, quoy que les femences de fa connoiffance naiffent naturellement en l'homme, elles n'ont pas laiffé d'auoir eu befoin, comme les autres femences, d'vn certain temps pour jetter leurs racines, fe meurir & s'affaifonner auant que de produire aucun fruict.

Si quelqu'vn vouloit douter que la connoiffance de Dieu ne

fuft pas naturelle à l'homme, il en peut eftre efclaircy par ces paroles de faint Paul, en fon Epiftre aux Romains, quand il dit que l'ire de Dieu fe fait voir du Ciel fur l'impieté de ceux qui veulent malicieufement fupprimer cette verité, qu'il y ait vn Dieu, veu qu'elle leur a efté manifeftée de Dieu mefme.

Cette connoiffance, qu'il y ait vn Dieu, fe forme en nous en deux manieres, dont l'vne eft intellectuelle, & l'autre eft fenfible. L'intellectuelle nous eft reprefentée par cette lumiere de laquelle parle faint Iean, qui illumine tout homme en venant au monde; car comme le Soleil ne fe void que par le Soleil, Dieu ne fe connoift que par luy-mefme; & comme l'air interne enfermé dans noſtre aureille, ne fait ſon impreſſion au dedans de noſtre ouïe, que par le battement de l'externe qui le frappe ; ainſi le rayon diuin qui s'allume en nos ames par vne forte meditation enuers Dieu, n'eſt excité que par la contiguité que nous auons auecques luy.

En effet, eſt-il poſſible que le trait du pinceau de Michel Ange, ou du Titien, qui ne ſont plus, les faſſe encore reconnoiſtre dans vn tableau qui eſt fait de leur main, & que celuy d'vn Dieu eternel ne laiſſe aucune impreſſion qui le puiſſe repreſenter dans l'homme qu'il a fait à ſon image. La repreſentation de Dieu qui eſt en nous, s'y doit encore mieux conſeruer, que ne fait celle du pere en ſa poſterité.

De ce principe procede le respect interieur de l'homme bien viuant enuers soy-mesme, qui craint de soüiller, par aucune sale pensée, ny parole, ny action, l'auguste majesté de son ame, qu'il reuere comme vne image de Dieu qui est en luy. De là se forme nostre pudeur, qui sous vn leger soupçon d'auoir failly, ne nous permet pas de souffrir la presence des autres hommes, ny la nostre mesme, sans rougir, comme si nous reconnoissions en eux & en nous quelque chose de diuin que nous sommes obligez de reuerer. Cette mesme presence de Dieu qui est en nous, exige d'vne conscience criminelle ce remords cuisant, qui accuse, qui condamne & punit interieurement le coupable, quand mesme il seroit hors de l'apprehension d'en estre chastié par les loix. Finalement la satisfaction interieure qu'on a d'auoir bien vescu, ne procede que de ce que nous sommes persuadez que la presence de Dieu qui est en nous a esté la confidente & la conseillere de l'integrité de nostre Dieu.

Ce respect de l'homme enuers soy-mesme, que n'ont point les autres animaux, n'est fondé que sur l'affinité qu'il a auec Dieu, à l'image duquel il n'y a que luy seul qui soit fait, que luy seul qui l'adore d'affection, de gestes & de parole; que luy seul qui luy fasse des sacrifices, qui luy bastisse des Temples & des Autels. C'est par ce moyen qu'il le reconnoist comme son principe, qu'il le defere & tend à luy comme à sa fin, qu'il l'honore comme son Pere, qu'il le craint comme son Seigneur; & que mesme le mescreant qui ne le veut pas reconnoistre, soit contraint, malgré son desadueu, d'auoir au moins quelque soupçon qu'il y a vn Dieu. Car encore que Dieu, soit tout esprit, & que par consequent nos yeux ne le puissent voir, toutes les creatures visibles qu'il a produites par sa puissance, & qu'il conserue par sa bonté, sont autant de miroirs transparans, dit l'Apostre, au trauers desquels nous le pouuons pleinement contempler: Le texte de cette Epistre porte, *intellecta*, & non pas *intellectu*, pour signifier que cette Intelligence est en nous comme si elle y estoit innée, & non pas qu'elle procede d'vn acte de l'entendement. Outre cette connoissance qui nous est naturellement infuse, ce mesme rayon qui sort de la Diuinité, quoy qu'inuisible, nous sert au dehors de flambeau pour descouurir Dieu visiblement en toutes ses œuures.

Entre toutes les choses creées qui sont sensibles, il n'y en a pas vne seule qui nous le represente mieux que la lumiere. Il n'y a rien de plus pur ny de plus subtil qu'elle; elle se dilate pleinement, aisément, & dans vn instant; sa rencontre est fauorable par tout, & si salutaire, qu'elle ne penetre aucune chose sans la conforter, la fomenter, & la viuifier. Elle est si reünie en foy, que quoy qu'elle fe refpande fur toutes chofes, elle n'en reçoit ny meflange ny foüilleure, ny contagion; elle eft ineffable & indefinie; il n'y a rien de fi clair ny de fi obfcur qu'elle; ny rien de plus ny de moins connu. Toutes ces conditions conuiennent tellement à la nature de Dieu, qu'vn Philofophe Platonicien a ofé dire que l'acte de la lumiere eftoit vne image tranfparante de l'Intelligence diuine, comme le rayon vifuel qui brille dans l'œil eft la reprefentation de la veuë.

Comme Dieu eft auteur de toutes chofes, il fe fait connoiftre en tout & par tout, & fi on le peut dire, il fe laiffe toucher à nos fens; fon image vient fi vifiblement à nostre rencontre, que nous sommes contraints de l'enuisager. Il se presente à nous dans les Cieux, où le mouuement de tous les Astres, qui conseruent auec tant de justesse leur ordre & leurs distances en leur reuolution, font voir qu'il faut qu'il y ait vn Moteur, qui compasse & donne le branfle à cette cadence celeste. Ce Meteore est celuy-là mesme qui retient la mer dans ses bornes ; qui souftient en equilibre le poids & la solidité de la terre au milieu du vuide. C'est luy qui se meut estant fixe auec tout ce qui se meut, & quoy qu'inuisible, qui se descouure en toutes choses. C'est luy qui vit en toy, qui tend & fait ployer tes nerfs, tes muscles & tes ligaments selon ton

ton besoin ; qui a remply tes veines de sang, endurcy tes os; qui a ouuert ton corps, & fait ta peau transpirable pour vuider tous ses excremens ; qui a compassé tous tes membres auec mesure, & leur a donné à chacun d'eux leur fonction propre pour le seruice du total. Comme donc il est impossible qu'vne image, quoy qu'inanimée, puisse auoir esté faite sans artisan, on peut encore moins se persuader que cette viuante structure du monde & de l'homme n'ait pas eu le sien, tant s'en faut qu'elle puisse subsister sans l'aide de celuy qui l'a faite; qu'on pourroit dire plustost que Dieu ne seroit pas eternel s'il n'agissoit toûjours, tant en ce qui est, qu'en ce qui n'est point, exposant au
R

dehors tout ce qui paroift, & cachant en foy toutes les chofes qui ne font point encore, & qui doiuent eftre, afin de fe rendre toûjours vifible en celles qui naiffent de luy succeffiuement.

Certes il n'eft pas poffible qu'vne pareille reflexion fur toutes les œuures de Dieu, fe puiffe faire dans l'entendement de l'homme, que dés le mefme inftant elle ne foit fuiuie de fon adoration, qui eft vne certaine fubmiffion refpectueufe qui s'infinuë en l'ame, dont l'émotion eft fi fubite & fi fubtile, qu'encore qu'elle ne fe puiffe exprimer par la parole, elle ne laiffe pas neantmoins de fe faire fentir au dedans de nous.

Par toutes ces raifons la connoiffance de Dieu reluit naturellement en nos ames en deux façons, tant par vne lumiere intellectuelle qui vient de luy, que par vne lumiere fenfible qui paroift en toutes fes creatures ; de forte que ceux qui ne l'ont point glorifié ny remercié apres l'auoir reconnu, font moins excufables que ne font les beftes, qui luy rendroient leur adoration, fi elles en pouuoient auoir quelque fentiment. C'eft en cela particulierement qu'il n'y a aucune conformité entre la befte & l'homme, quoy qu'il y en ait en plufieurs autres chofes.

Premierement l'vn meurt & naift comme l'autre ; la vie vegetante & fenfitiue leur eft également commune ; l'vn & l'autre eft fçauant en l'art qui luy fait befoin, & la beste plus que l'homme ayant en elle-mesme les instrumens de toutes ses manufactures. Elle est sociable comme l'homme ; sa voix luy tient lieu de parole pour se faire entendre, & son instinct de raison, qui est moins sujette à faillir que la nostre ; ses remedes pour ses maladies sont plus certains, & plus certaines ses predictions touchant la disposition du Ciel, enfin elle est imitatrice de l'homme en tant de choses, qu'il ne paroist entr'elle & nous aucune dissemblance qui soit plus apparente qu'en ce qui est de la connoissance de Dieu & de la Religion.

Par ce mot de Religion, j'entends le sentiment vniuersel qui nous est commun à tous, par lequel nous reconnoissons qu'il y a vne premiere cause, à laquelle nous deuons naturellement nostre amour & nostre adoration. En ces deux choses consiste la perfection de l'homme, qui seroit le plus miserable de tous les animaux, s'il estoit vray que la Religion ne fust qu'vne chimere, ou vn vain fantosme de sa pensée; parce qu'en cette consideration il ne renonce pas seulement à tous les plaisirs de la vie, mais il en embrasse toutes les mortifications.

Quoy qu'il y ait eu quelquesvns qui ont voulu soustenir que la Religion n'estoit pas naturelle, & que seulement elle paroissoit de l'estre, parce qu'elle se succe auec le laict; par la mesme raison on pourroit dire que le parler, qui s'apprend dés noftre enfance, ne le feroit pas non plus ; & neantmoins l'vn & l'autre nous eft fi naturel, qu'il n'y a aucune nation qui n'ait fa Religion & fon langage particulier. La difference de l'expreffion de la parole & de l'adoration n'empefche pas que l'vn & l'autre n'ait fon fondement en nature.

Quoy qu'on die, qu'il faut connoiftre auant que d'aymer, l'effence de Dieu nous eft fi cachée, que fon amour a beaucoup plus de conuenance & de proportion à noftre nature que n'en a fa connoiffance. On fçait bien qu'il eft en effet, mais de fçauoir quel il eft, il ne fe peut. En cela noftre connoiffance eft imparfaite, & fi nous l'aymons tel qu'il eft, noftre amour alors ne laiſſe pas d'eſtre parfait. Il ne faut qu'vn inſtant pour l'aymer, parce que noſtre amour, qui eſt vnitif, nous joint à luy ſi-toſt que nous l'aymons. Mais quand il eſt queſtion de rechercher ſa nature, elle ſe trouue ſi diffuſe & ſi indefinie dans tous les attributs qui luy peuuent conuenir, que nous ne trouuons plus rien qui le determine. C'eſt pourquoy il ſe plaiſt beaucoup plus d'eſtre aymé que d'eſtre contemplé; parce qu'en ce dernier il ne reçoit rien de nous qu'vne recherche vague & indeterminée; & en l'autre nous luy faiſons vne oblation entiere de nous-meſmes: d'où il arriue que Dieu ſe donne plûtoſt à ceux qui l'ayment qu'à ceux qui veulent ſçauoir quelle eſt ſa

R iiij

nature. Quand on l'ayme on agit selon nature, qui excite chaque chose de se reünir à son principe; & l'homme agit contre nature s'il pretend de reduire vne chose immense sous quelque sorte de mesure.

Nostre amour & nostre reconnoissance luy sont deus comme à nostre bien-facteur; & puisque nous viuons tous en societé, & que les biens qu'il nous fait se reçoiuent en commun, il est juste aussi qu'il y ait des lieux d'assemblée où nostre remerciement se puisse faire en commun, & qu'estant composez d'ame & de corps, outre l'oraison mentale qui esleue spirituellement nostre ame à Dieu, que nostre bouche s'ouure pour exprimer par la parole le ressentiment qu'on a de toutes ses bontez. Que nos yeux se tournent vers le Ciel, qui est le lieu d'où nous doit venir le secours ; que nos aureilles soient ouuertes pour entendre ses commandemens ; que nos mains se joignent, & que nos genoux se flechissent pour accompagner plus respectueusement, en qualité de suppliants, l'action de nostre priere mentale & vocale.

La Religion Chrestienne obserue non seulement toutes ces choses, mais elle a voulu aussi que tous les elemens fussent de concert auec elle pour loüer Dieu : Que la terre luy rendist son adoration par vne oblation de ses fruicts sur l'Autel; l'eau la sienne par son aspersion lustrale ; que l'air benisse le Seigneur par le son de la voix, des cloches, & des orgues ; & le feu par le luminaire d'vne infinité de cierges & de lampes allumées. Tous les Commandemens de la premiere & de la seconde table de la Loy, pour estre tous conformes à nature, sont encore de ce concert, comme d'adorer Dieu, & le reconnoistre seul ; de s'abstenir de toute œuure manuelle le jour qu'on s'assemble pour l'adorer, afin de le mieux sanctifier; d'honorer son pere & sa mere, & sous ce respect le Prince, l'Ecclesiastique, & le Magistrat, qui nous tiennent lieu de Peres spirituels & temporels. Et finalement d'obeïr aux defenses de ne point commettre d'homicide, d'adultere, de larcin, ny de faux tesmoignage, que j'ay fait voir estre toutes fondées sur le droit de nature.

La perfection de la doctrine Chrestienne, qui nous ordonne de ne pardonner pas seulement à nos ennemis, mais de les aymer, & de leur faire du bien, est conforme à nature comme le reste. Nous sommes tous membres d'vn mesme corps; sous ce respect, selon nature, nous deuons nous rendre vn acte mutuel les vns aux autres. Si quelqu'vn me fait vne injure, & que ie luy en fasse vne autre, ie me déuoye, comme luy, du vray sentier de nature, qui veut que chaque partie conspire au bien du total. Tout homme malfaisant doit estre reputé comme vn fou, qui a perdu le sens; quand il nous frappe, il merite mieux noſtre commiſeration, que noſtre vengeance. Dans le Paganiſme, Socrate reſpondit à quelqu'vn qui luy conſeilloit de ſe venger d'vn autre qui l'auoit frappé : Si vn mulet, luy dit-il, t'auoit donné vn coup de dent, le voudrois-tu mordre? De nos jours le feu ſieur de la Noüe Bras-de-fer ayant receu vn ſoufflet par vn Miniſtre, dans vne aſſemblée qui ſe tenoit à la Rochelle, ſans s'eſmouuoir dauantage luy preſenta l'autre joüe. Ne permettons pas, en de pareilles occaſions, qu'eſtant enfans de la vraye Egliſe, nous ſoyons moins ſages qu'vn Payen & qu'vn Religionnaire ne l'ont eſté.

CHAPITRE XV.

QV'VN ESTAT NE PEVT ESTRE heureux s'il ne vit sous vne mesme loy diuine. Qu'il n'y en a point de meilleure que la Chrestienne. Qu'il ne faut point disputer de sa verité. Et des maux que cause la diuersité de creance en la Religion.

TOVTE societé a pour sa fin principale de demeurer, de viure & de conuerser ensemble auec plaisir, & pour faire aussi vne ligue offensiue & defensiue contre tout ce qui peut troubler le bien de la communauté. Toutes ces choses sont également communes aux bestes comme à l'homme; elles se plaisent auec celles qui sont de leur espece; elles demeurent & paissent ensemble; elles ont quelque communication entr'elles par le moyen de la voix, au defaut de la parole; elles se deffendent de concert, & recherchent de compagnie tout ce qui leur fait besoin, ou qui les peut contenter. L'homme & la beste conuiennent en toutes ces choses, auec cette difference toutefois, que la beste se les propose comme sa fin principale, & l'homme comme des moyens qui luy sont necessaires pour arriuer à vne fin plus noble, qui est celle non seulement de viure ensemble, mais d'y viure selon les reigles de la vertu.

Pour viure heureusement ensemble en tout Estat, il faut auparauant conuenir d'vne mesme loy diuine; parce que tous ceux qui n'auront pas vne vniformité de creance en la connoissance de Dieu, & dans les voyes qu'il faut tenir pour l'adorer, ne s'accorderont jamais bien en l'obseruation des loix ciuiles, qui n'en sont qu'vne dépendance. La necessité de cette vnion de creance en la loy diuine, nous est assez clairement exprimée par ce mot de Religion, qui est proprement vn nœud qui nous estraint d'vn mesme lien enuers Dieu, sous la conformité d'vn mesme culte interieur & exterieur en son adoration; si quelqu'vne de ces conditions luy manque, elle n'est plus Religion.

Celle des Gentils, qui n'ont point eu d'autre Escriture sainte que la Fable, ny d'autres Prestres ny Docteurs de leur Eglise, que les Poëtes, ne merite pas ce beau nom de Religion, veu la diuersité des Dieux qu'ils adoroient, & les differences de leurs ceremonies exterieures. Ce nom est faux s'il ne relie & ne reünit ensemble les esprits de tous ceux qui en font profession, sous vn mesme deuoir, dans le seruice de Dieu.

I'ay prouué cy-deuant que nous auions tous originairement en nos ames vn petit rayon de la Diuinité, lequel encore qu'il ne fust pas assez clair pour nous la descouurir entierement, ne laissoit pas de nous faire la guide en sa recherche, quoy qu'elle se fist le plus souuent à tastons, ou par de fausses routes, comme le font ceux qui se sont esgarées dans les voyes de le seruir, ou soit qu'on tienne

tienne vn chemin tout contraire, comme font les idolatres, les hypocrites, ou les pecheurs endurcis, qui par vne vengeance diuine, malgré leur deprauation, ne peuuent, non plus que les demons, ny oublier Dieu, ny le posseder.

Quoy qu'il y ait vne grande diuersité de Religions, & qu'il n'y en ait qu'vne seule qui soit bonne, si est-ce qu'on a veu souuent l'homme s'exposer à souffrir le martyre, ou à le faire souffrir en faueur de son opinion, tant il est persuadé que celle qu'il tient est la meilleure; & par ce moyen il arriue que le corps deuient le garant d'vne erreur qui n'est que dans l'ame seulement.

La Religion Iuifue, esbloüie de

son ancienne lumiere, persiste toûjours en l'attente opiniastre de son Messie. La Mahumetane ne subsiste qu'en l'ignorance aueugle de ceux qui la professent, ausquels il est defendu, sur peine de la vie, d'en douter. Entre les Gentils, Socrate fut condamné pour n'auoir pas voulu croire les fausses Diuinitez de son temps,

La loy de Dieu, qui est le fondement de la loy Chrestienne, est si euidente, que quand elle fut donnée au peuple en la montagne d'Oreb, le texte de l'Escriture, Exod. 20. porte, *Cunctus autem populus videbat voces*, elle ne dit pas *audiebat*, pour nous faire connoistre qu'elle n'a besoin que de nos yeux pour se faire voir, & non pas de nos aureilles, ny de noſtre foy pour ſe faire croire.

Toute Religion ne peut eſtre bonne que ſon principe ne ſoit vn, ſimple, eternel & vray, & que les preceptes qu'elle contient ne ſoient ſi conformes à nature, qu'il n'y ait rien en eux qui ſoit contraire à la loy ciuile, ny au droit des gens. La Religion Chreſtienne a toutes ces conditions, elle ne reconnoiſt qu'vn ſeul Dieu. Depuis ſon eſtabliſſement plus de faux Dieux, plus de vaines illuſions d'oracles, plus de ſacrifices ſanglans d'hommes & de beſtes qui faiſoient horreur ; plus d'eſclaues ; l'homme a eſté remis en ſa liberté naturelle, plus d'idoles, plus de vol d'oyſeaux, ny plus d'entrailles de victimes vainement conſultées ; toutes leſquelles choses estoient si opposées à la droite raison, & au bon sens, que quand la Religion Chrestienne n'auroit pas esté confirmée par tant de Prophetes, par tant de miracles, & par le sang de tant de Martyrs, la diuinité de son Legislateur qui les a abolies, reluit tellement en cela, & dans tous ses conseils Euangeliques, qu'il semble qu'on ne puisse rejetter sa doctrine, sans estre en quelque façon criminel de leze-Majesté diuine & humaine. Mais parce que cette verité a esté traitée par tant de personnes doctes, j'adjousteray simplement à ce qu'ils en ont escrit, que sans estre inspiré comme le Prophete Royal, on pouuoit dire, humainement parlant, de ceux qui l'ont preschée, *In om-*

nem terram exibit sonus eorum, & in fines terræ verba eorum, tant elle est conforme à nature, & necessaire à la police de quelque Estat que ce soit pour estre bien gouuerné.

En effet il n'y a rien qui puisse concilier vne plus estroite vnion entre celuy qui commande & celuy qui obeït, que la Religion Chrestienne. Elle apprend aux Roys qu'ils ne sont simplement que les depositaires des loix, & que tant s'en faut qu'ils en soient les maistres, qu'ils leur doiuent vne si grande submission, que mesme ils deuiennent garants du defaut de leur obseruation s'ils permettent que leurs sujets les violent impunément.

Quand Dauid fut commis pour

la conduite du peuple d'Ifraël, Dieu luy dit, *tu pafces*, & non pas *tu dominaberis*, pour luy faire entendre qu'il n'auoit nulle autorité fur luy, que celle d'vn pafteur fur fon troupeau. Quand vn Monarque eft inftruit qu'il n'eft icy bas que le Lieutenant d'vn Dieu, qui eft la douceur mefme: Que fa puiffance n'eft que pour vn temps, & que tout le fafte & la pompe qui l'enuironne n'eft que la reprefentation d'vn fonge qui eft paffager comme luy, il faut qu'il ait perdu le fens s'il n'vfe moderément de fon autorité, & s'il ne connoift que fes fujets ne doiuent pas tant de refpect à fa royauté qu'il en doit à Dieu. Vn Prince viuant chreftiennement, imprimera dans le cœur de fes fujets vn tel refpect

DE LA POLITIQVE. 275
pour luy, qu'en luy obeïssant ils croiront seruir à vn Dieu visible. Il n'aura point besoin alors d'autre garde que de celle de leur affection ; sa presence leur inspirera sa crainte & son amour en mesme temps ; sa volonté se fera sans contrainte, & par ce moyen son regne en sera plus paisible, & sa vie plus longue & plus asseurée.

Quoy que les loix des Romains ayent esté si justes, qu'elles nous seruent encore aujourd'huy de droit ciuil, si est-ce que pour n'auoir pas esté fondées sur le Christianisme, nous trouuons qu'en l'espace de trois cents ans, depuis Auguste, ceux qui estoient obligez de les obseruer, ont eux-mesmes esté les meurtriers de plus de cinquante de leurs Empereurs,
S iiij

de la plus grande partie desquels on peut dire, qu'ils n'ont touché l'Empire que du bout des doigts seulement, sans en auoir tenu le gouuernail en pleine main.

Nous voyons tout le contraire en cét Eſtat, où depuis l'eſtabliſſement de la loy Chreſtienne, à peine ſe trouue-t'il qu'en l'eſpace d'onze ſiecles il y ait eu quelqu'vn de nos Roys qui ne ſoit mort d'vne mort naturelle. Le fils ou le ſucceſſeur legitime a toûjours remplacé le deffunct, ſans qu'il y ait eu aucun interregne en la royauté, ny ſans qu'il leur ait couſté vne ſeule goutte de leur ſang, à la reſerue de deux de nos Roys, qui pour auoit eſté fauſſement ſoupçonnez d'eſtre fauteurs d'heretiques, ont eſté tuez par

DE LA POLITIQVE. 277
deux assassins, preoccupez du zele inconsideré d'vne Religion qu'ils ont ignorée, laquelle est si respectueuse à la majesté des Roys, qu'elle commande expressément qu'on obeïsse à ceux-là mesme qui n'ont pas leur mission de Dieu pour regner.

On void donc en tous ces exemples qu'il n'y a rien qui rende vn Estat plus heureux & plus florissant que le Christianisme, qui commande aux Roys d'vser moderément de leur autorité, & aux sujets de leur obeïr auec respect, *etiam discolis*, dit l'Escriture; c'est à dire, quand mesme ils seroient hors des limites de leur deuoir.

Quand les loix sont bien obseruées il ne se fait point de reuoltes contre le Prince, ny de sedition entre le peuple, qui font les maladies pestilentieuses d'vn Estat. Le sujet en est plus soûmis aux loix du païs & aux Magistrats; la concorde entre les concitoyens deuient inuiolable quand elle est entretenuë par la charité, & toute sorte d'injustice cesse, qui est incompatible auec le droit ciuil. Il est certain aussi que la pratique des vertus & des austeritez Chrestiennes, rend l'homme plus propre à supporter patiemment le trauail du corps & de l'esprit, & qu'elle le fortifie contre toute sorte de danger, & par consequent il en deuient plus habile à seruir son Prince dans les occasions de la guerre ; tesmoin l'assistance qu'ont renduë nos premiers Chrestiens à quelques Empereurs Payens, qui n'ont point eu de meilleures troupes que les leur, ny qui fuſſent d'vne plus grande fatigue, ny qui ſe débendaſſent moins.

Puis donc que la Religion Chreſtienne eſt l'vnique ſource de tant de biens, il faut ſur toutes choſes prendre garde que ſa pureté ne ſoit troublée par quelque nouuelle contention. Comme on ne diſpute point contre ceux qui nient les principes des ſciences, on doit encore moins ſouffrir ceux qui veulent innouer quelque choſe en noſtre Religion, ſur laquelle eſt appuyé le repos public, & le ſalut particulier d'vn chacun. Laiſſons toutes les choſes ſacrées à ceux qui ont leur miſſion de Dieu pour cela, & les en croyons, & non pas nostre fantaisie, ny nos aureilles qui peuuent estre deceuës. Pour cette raison François premier ne voulut point ny voir ny escouter Melancthon, ne jugeant pas qu'il deust mettre sa creance en compromis. Charles Quint, apres auoir ouy vne seule fois Luther, venu sous la foy publique, à la Diette de Wormes, à l'instance des Princes Protestans, fit vn vœu solemnel de ne le reuoir jamais, & de demeurer ferme en la foy de ses peres, que cét imposteur pouuoit rendre douteuse par la subtilité de son discours. Si la plus grande partie de nos Grands, & du peuple, à l'imitation de ces deux sages Princes, n'eussent point presté l'aureille à la nouuelle doctrine de Caluin, qui par la conjoncture des temps fomenta les factions qui estoient dans l'Estat, la France eust espargné beaucoup de son sang.

En effet il n'y a rien qui ébranle tant vn Estat que la disconuenance d'opinions en la foy. Chacun est esmeu & remuë en faueur de la sienne, & cette contention a toûjours quelque mauuaise suitte. Si quelque interest humain trouble souuent nostre societé, difficilement se pourra-t'elle maintenir entre ceux qui tiennent vn chemin tout opposé dans la voye de Dieu. Ieroboam, Roy d'Israël, n'ignora point ce mystere d'Estat, lequel apres auoir vsurpé dix parties sur le Royaume de Iuda, pour s'asseurer de la fidelité de ces parties reuoltées, les fit changer de Religion, preuoyant qu'ils ne se pourroient jamais reünir à leur premier corps tandis que cette playe seroit ouuerte.

C'est pourquoy les politiques les plus auisez ont estimé que pour maintenir en paix vn Estat, il y falloit exactement obseruer la Religion du pays, sans y en admettre aucune autre; Mecenas donna cét aduis à Auguste, duquel a procedé la persecution qu'on a faite aux Chrestiens sous les Empereurs qui luy ont succedé. Dans la loy de Moyse il est porté en termes exprés, que tout homme sera mis à mort, qui aura eu l'audace de desobeïr au commandement du Prestre, faisant alors le Seruice diuin. Le texte dit au Prestre, & non pas à l'ordonnance de la loy, supposant qu'il en deuoit estre l'Interprete : *Qui superbierit nolens obedire Sacerdotis imperio, qui eo tempore ministrat Deo morietur homo ille.* Deut. 17. vers. 12.

L'experience nous fait voir qu'il n'y a rien qui ait plus contribué à la durée de cette Monarchie que l'vniformité de nostre Religion. Elle y a esté si bien maintenuë, qu'vn de nos Peres anciens a dit, qu'il n'y auoit eu que la France seule qui n'auoit point eu de monstres, c'est à dire d'heretiques. Le changement qu'y voulurent apporter les Albigeois, n'a esté qu'vne vapeur legere qui fut aussi-tost dissipée que formée. Il est certain aussi que si dans ce dernier siecle l'autorité royale n'eust point esté affoiblie ny entr'ouuerte par tant de differentes factions comme elle fut, la nouueauté de la doctrine de Caluin, qui les a toutes fomentées, ne s'y fuſt jamais introduite. Prenons garde que de cette meſme erreur il ne s'en forme maintenant vne autre qui seroit pire que la premiere, s'il y auoit encore quelque diuiſion dans cét Eſtat.

Il n'y a jamais eu de politiques plus ignorans en leur meſtier que ceux qui ont tenu que la liberté de conſcience eſtoit indifferente dans vn Eſtat, au contraire nous ſçauons par experience que dans cette diuerſité d'opinions il ne ſe fait jamais de paix aſſeurée, que l'vn des partis ne ſe ſoit rendu le maiſtre de l'autre ; ce qui ne ſe peut

peut faire sans vne grande effusion de sang. Toute sedition ciuile, ou populaire, n'est ordinairement qu'vn feu passager; mais dans les tempestes excitées par la diuersité de creance & de Religion, nous y auons veu toûjours s'y mesler toutes sortes de factions, qui comme demons, dans les grands orages, font de grands fracas, & de si profondes playes dans l'Estat, qu'il n'y a eu que l'abondance du sang qui en est sorty, qui ait pû seruir de baulme pour l'estancher.

Nous auons veu que depuis cent ou six-vingts ans nos reformateurs nouueaux ont presque abbattu tout le trauail de douze cents ans, & qu'ils ont excité plus de guerres que n'en ont fait les

T

Romains pour la conqueste du monde. Ils ont fait donner en France les batailles de Verneüil, de Dreux, de S. Denys, de Iarnac, de Montcontour, de Coutras, de Senlis & d'Yury ; pris ou repris, saccagé ou rauagé presque toutes les villes & chasteaux du Royaume ; pillé & mis en frische tout le plat pays ; violé tant de Monasteres, & fait passer par le fil de l'espée, & perir par la faim, ou par le feu vn nombre infiny de millions d'hommes, de femmes, & de petits enfans. Bref toute l'Allemagne, toute l'Angleterre, les Pays-bas, & tout le pays du Nord n'en ont pas eu meilleur compte que nous.

Si nos premiers Chrestiens se fussent contentez de croire en leur Religion simplement, & d'en faire l'exercice, sans vouloir faire voir la fausseté de celle du Paganisme, il est certain qu'ils n'eussent point esté persecutez comme ils le furent; Mais si-tost que les Empereurs eurent reconnu qu'on faisoit vn attentat contre la Religion du pays, & qu'on la vouloit abolir, ils s'y opposerent auec toutes sortes de tourmens & de violence, n'ignorant pas que de la rupture de l'vnion qui doit estre dans la creance & dans le seruice de Dieu, on pouuoit passer dans vne des-vnion ciuile & d'Estat.

Chapitre XVI.

QVE SELON NATVRE LE gouuernement Monarchique est le plus parfait, Que Dieu en a donné l'exemple en la conduite de son peuple. Et que ces mots, Tel est nostre plaisir, sont de son essence.

COMME il n'y a qu'vn seul Dieu qui gouuerne tout, il ne doit y auoir qu'vne seule maniere de le seruir, qui est celle de la Religion, ny qu'vne seule loy qui soit le principe de toutes les autres, qui est celle de la nature. Ces trois vnitez ne peuuent estre plus inuiolablement respectées, que sous vne quatriesme vnité, qui est celle d'vn Roy, qui est l'image d'vn Dieu visible sur la terre, *Rex à regendo;* s'il gouuerne mal, ce nom ne luy conuient plus. Vn vaisseau qui sera sous la conduite d'vn pilote qui ne l'eſt que de nom, n'arriuera jamais à bon port.

L'inſtitution de la famille, qui n'a beſoin que d'vn chef, nous fait voir en ce petit modele, que tout Eſtat, pour eſtre bien gouuerné, n'a beſoin que de la puiſſance d'vn ſeul. La nature nous enſeigne que cette forme de gouuernement eſt la plus parfaite, en ce que le monde vniuerſel n'a qu'vn ſeul directeur, & que l'homme, qui eſt vn petit monde, n'a qu'vne teſte pour preſider à toutes les autres parties du corps. Le Ciel n'a qu'vn Soleil qui l'irradie auec tous les Aſtres que nous y voyons. Toutes les reuolutions des corps celeſtes ſont aſſujetties à celle d'vn premier mobile, comme l'eſt le mouuement de toutes les roües d'vne horloge, à celuy d'vne maiſtreſſe roüe. Entre les animaux nous trouuons que le gros & le menu beſtail a toûjours quelqu'vn qui marche à la teſte du troupeau. Les Abeilles & les Gueſpes ont leur roy, qui ſort le premier quand elles doiuent eſſainer, au mouuement duquel ſe meut & ſe repoſe tout l'eſſain. Peut-eſtre que ſi nous y donnions noſtre attention, nous verrions que cette ſorte de police eſt commune à toutes ſortes d'animaux, juſques aux plus ſauuages. Ainſi il ne ſe faut point eſtonner, ſi l'homme eſtant raiſonnable comme il l'eſt, nous voyons preſque tous les peuples de la terre, à l'exemple de toute la nature, auoir preferé l'Estat Monarchique à toute autre forme de gouuernement.

Que si l'on a veu quelques Prouinces, comme celles de l'Italie & de la Grece, auoir esté gouuernées quelque espace de temps en forme de Republique, ce temps a esté si court au respect de celuy auquel elles ont este sous la puissance des Roys ou des Empereurs, qu'on doit inferer de là que cette derniere forme de gouuernement n'estoit pas selon le cours ordinaire de nature. Pour preuue de ce que ie dis, l'Histoire nous apprend que la Grece a eu dix-sept Roys depuis Cecrops jusques à Cadmus, & qu'elle ne fut pas plustost reduite en forme de Republique, qu'au mesme temps elle n'ait esté agitée de tant de seditions, qu'enfin

T iiij

elle tomba fous la puiffance des Macedoniens, & depuis fous celle des Romains.

L'Italie a efté expofée aux mefmes changemens que la Grece: apres auoir chaffé fes Roys, elle fe foûmit fous la puiffance de deux Confuls, qui eurent la mefme autorité que les Roys, auec cette feule difference, que d'vnique & perpetuelle qu'elle eftoit auparauant, elle fut partagée en deux, & annuelle feulement. Sous ces deux Confuls le pouuoir des Grands fe rendit petit à petit fi infupportable, qu'il fallut auoir recours à la creation d'vn Tribun du peuple pour le moderer. De cette mef-intelligence du peuple auec les Grands, & depuis des Grands entr'eux, fe forma la matiere des guerres ciuiles. Pour y remedier, & donner ordre aux affaires où il s'agiſſoit du dernier ſalut de l'Eſtat, les deux partis s'accorderent de l'election d'vn Dictateur pour ſix mois au plus, auquel eſtoit conferée vne puiſſance abſoluë, ſans qu'il y euſt appel de ſes ordonnances, ny au peuple ny au Senat. Finalement cette Republique a toûjours eſté troublée de diuerſes factions, ou de ſeditions nouuelles, juſques à ce que toute l'autorité fuſt deuoluë ſous la puiſſance d'vn ſeul, qui luy tinſt toûjours lieu de Monarque & de Dictateur perpetuel.

L'experience nous fait voir que toute puiſſance reünie en ſoy eſt plus vigoureuſe en ſon action, que quand elle eſt diuiſée en pluſieurs parties ; par exemple, Si j'auois besoin de vos bras & des miens pour soûleuer quelque pesant fardeau, il est certain que si la force des vostres se pouuoit transferer dans les miens, ou celle des miens dans les vostres, ce fardeau se leueroit auec moins d'empeschement que si nous y mettions tous deux la main. Quoy qu'on die communément que deux yeux voyent mieux qu'vn, si est-ce que leur action seroit imparfaite & vague, s'il ne se faisoit au cerueau vne reünion des deux nerfs optiques, qui sont les organes de la veuë ; & qu'en suitte il ne se fist vne seconde reünion de tous les rayons qui sortent des yeux, à vn seul poinct visuel sur l'objet qu'on se propose de voir.

Finalement l'vnité est si essentielle à la perfection d'vn gouuernement, quel qu'il soit, que dans les Estats populaires, ou des Grands, les affaires qui se mettent en deliberation demeureroient toutes indecises, si pour les terminer il ne se faisoit vne reduction à l'vnité de toutes les opinions de ceux qui ont voix deliberatiue dans le Conseil.

Pour verifier que le gouuernement Monarchique est le plus excellent de tous, nous trouuons dans les saintes Lettres que Moyse fut esleu seul de la main de Dieu pour retirer son peuple de seruitude, & pour sa conduite dans le desert ; & Iosué seul pour estre le successeur de Moyse. Othoniel en suitte fut suscité par le Seigneur pour remplacer Iosué, & successiuement il n'y a eu qu'vn seul Iuge qui ait eu autorité souueraine sur le peuple d'Israël jusques à Sanson, apres la mort duquel l'Escriture dit qu'il n'y auoit personne qui eust la conduite du peuple. Alors deux grands Prestres, dont l'vn fut Heli, & l'autre Samuël, en prirent le soin l'vn apres l'autre, ausquels Saül succeda en qualité de Roy; Dauid à Saül, & a Dauid Salomon, apres la mort duquel le Royaume fut diuisé en deux parties, dont l'vne fut appellée du nom de Iuda, où regna Roboam jusques à Sedecias; & l'autre du nom d'Israël, où regna Ieroboam jusques à Osée, sans qu'il y ait eu aucune interruption en leur royauté.

Sur ce modele du gouuernement d'vn seul, qui a esté institué de Dieu comme le plus parfait, a esté formé nostre Estat, qui s'est ainsi maintenu plus d'onze cents ans sans que le changement de race, ny la demence de quelques-vns de nos Roys, ny leur prison en ait pû ruïner le fondement. Que s'il y en a eu quelques parties qui en ayent esté démembrées auec le temps, le mesme temps les y a reünies, ou remplacé d'autres qui ont aidé à entretenir la grandeur dans laquelle nous le voyons encore aujourd'huy.

Il est donc certain qu'il ne se pouuoit rien faire de meilleur en la police des hommes, que le consentement que les peuples ont donné d'estre tous soûmis à la puissance d'vn seul ; parce qu'en ce faisant vn chacun de nous trouue sa seureté particuliere en la protection generale que nous doit celuy que nous auons tous reconnu pour nostre Chef. Par ce moyen le pauure en son mesnage; le riche au gouuernement de ses biens ; l'artisan en son mestier ; le marchand en son traffic se conseruent tous vne image de principauté, en ce qu'il n'y a personne d'entr'eux, tant miserable soit-il, qui puisse estre contraint d'en seruir vn autre s'il ne luy plaist. La sujetion reelle n'est que pour celuy qui s'y engage volontairement ; & quiconque peut viure en sa maison de son reuenu, & du trauail de ses mains, sans querelle & sans procez, ce qui se peut sous la protection du Prince & de la loy, y demeure aussi libre & autant absolu que le Roy l'est en son Estat.

Il n'y a jamais eu de puissance royale plus moderée ny plus soûmise aux loix de Dieu & de nature, que celle de nos Roys. Ils se font voir tous les jours à leurs sujets, & sont auec eux à toute heure; ils se diuertissent auec eux; ils ne portent qu'en peinture le Sceptre, qui est le baston Seigneurial; leur Trosne, qui est leur lict de Iustice, n'est point si haut esleué, qu'il fasse auec eux aucune solution de continuité; ils y prennent leur seance pour donner à leurs Edicts plus d'autorité par leur presence, par celle des Ducs & Pairs, du Connestable, & des

Mareschaux de France, du Chancelier, des Secretaires d'Estat, & autres Officiers de la Couronne qui doiuent y assister. Cela se fait à la teste de leur Parlement, & à la veuë de tout le peuple, comme s'ils vouloient auoir les suffrages & le consentement de toutes sortes de conditions pour l'execution de leurs volontez.

Pour ce qui est de ces mots, *Voulons, Ordonnons, & De nostre absolu pouuoir, Tel est nostre plaisir*, ils sont si essentiels à la Royauté, que l'autorité souueraine ne se peut exprimer que par eux. Les volontez des Roys, qui ont toûjours besoin de secret, & d'vne prompte execution, doiuent sortir de leur teste & de leur conseil, armées & sagement digerées, comme fit la Deesse

DE LA POLITIQVE. 301
Deeſſe des armes, & de la prudence du cerueau de Iupiter. Si vn Prince eſtoit obligé de rendre compte à ſon peuple de ſes intentions, l'occaſion de les executer ſe pourroit perdre, & ſon autorité ſeroit deuenuë populaire.

Ces mots de puiſſance abſoluë ne donnent point aux Roys la puiſſance de tout faire, elle leur permet ſeulement d'innouer au droit des gens tout ce qu'il leur plaira, ou d'y déroger ſelon que les occaſions le requierent. Car pour ce qui eſt des loix diuines & de nature, elles ſont auant que les Roys fuſſent, & d'vne pareille obligation au Prince comme au ſujet. I'oſeray meſme dire qu'il les doit plus exactement obſeruer que ſon peuple ; parce qu'eſtant
V

l'image de Dieu sur la terre, en les violant il efface honteusement cette image sacrée pour y remplacer celle de l'ennemy de Dieu. C'est pourquoy quand le Prophete Royal, tout soüillé qu'il estoit du sang d'Vrie, & de l'adultere de sa femme, a dit : I'ay peché contre toy seul, il ne pretend pas en cela diminuer la grandeur de son offense; mais plûtost pour en estre touché plus sensiblement; il se represente à luy-mesme qu'il n'est comptable de son crime qu'à Dieu seul qui est son Iuge, sa partie, & le seul arbitre de son chastiment. Aussi ne s'est-il jamais veu de pecheur plus contrit que celuy-là, ny qui ait jamais respandu pour ses fautes de larmes plus ameres que les siennes.

CHAPITRE XVII.

QVE LA MONARCHIE PAR succession est meilleure que celle qui se fait par election. Qu'elle appartient au masle le plus proche du sang. Et de l'exclusion des filles.

IL ne suffit pas d'auoir representé que la Monarchie est la plus excellente forme de gouuernement, mais il faut démonstrer aussi que pour la rendre encore plus parfaite il est necessaire qu'elle vienne par droit successif aux plus proches du sang, hors de partage, & aux masles seulement. Ie dis par droit successif, & non par election; parce que toute Monarchie electiue, tandis qu'on delibere du choix de celuy qui doit succeder, deuient souuent vne pure Anarchie exposée à toutes sortes de tempestes, comme vn vaisseau qui est sans gouuernail & sans pilote.

Les Histoires sont pleines des maux qui ont accoustumé de se commettre dans toutes les Souuerainetez electiues, où les loix deuiennent muettes & inexecutées, tandis qu'on delibere du choix de ceux qui doiuent auoir le commandement. Pour remedier à ce desordre les Polonois ont cette loüable coustume de doubler la peine des crimes qui se font durant la cessation de la puissance royale, qui est electiue parmy eux. Pour empescher que le S. Siege ne soit long-temps vacant, le College des Cardinaux s'enferme dans vn lieu, d'où il ne sort personne que l'election du Pape ne soit faite. Les Cheualiers de Malthe font la mesme chose pour la nomination de leur grand Maistre ; parce qu'en effet l'interregne, dans tous les Estats electifs, est vne espece d'aneantissement de l'autorité souueraine, lequel est autant dangereux en ce temps-là, que l'est au corps humain l'interruption du batement du pouls, qui dans sa cessation laisse en souffrance toutes ses autres parties.

Selon mon jugement, entre tous les miracles qui se sont faits, il n'y en a jamais eu de plus grand que quand le cours du Soleil fut arresté l'espace d'vn jour à la priere de Iosué. La suspension qui se fit de sa lumiere & de ses influences dans toutes les autres parties du monde, durant son immobilité, deuoit, selon l'ordre de nature, rejetter l'vniuers dans sa premiere confusion.

La police des hommes, pour estre bien reiglée, a besoin d'imiter, autant qu'elle peut, celle de nature, qui ne fait jamais de pauses ny de parentheses en son cours; & il s'en fait vne dans le gouuernement durant qu'on delibere de l'election du Prince.

On dit communément parmy nous que le Roy ne meurt jamais en France, ce qui tesmoigne que ce Royaume ne fut jamais electif. En effet il ne meurt jamais, parce que le dernier souspir de celuy qui expire, suscite pour son successeur le plus proche de son sang dans lequel il reuit, fust-il encore au maillot. La loy de l'Estat le couronne auant qu'il soit sacré;

& quand il se presente au Parlement ce n'est que pour se faire voir à ses peuples, & pour prendre sa seance dans son trosne, qui est son lict de Iustice.

Quand vn Prince vient à la Couronne par vn droit successif, il regarde ses sujets comme de vieux domestiques qu'il trouue en la maison de son pere. Quand il considere son Royaume comme vne possession qui luy est venuë, dont la joüissance apres luy, doit estre transferée à ceux de son sang & de son nom, il est certain qu'il est beaucoup plus soigneux de le conseruer, que si par l'election d'vn successeur estranger il deuoit passer dans vne autre famille que la sienne.

L'Histoire nous apprend qu'au

temps que l'Empire d'Allemagne estoit electif, Raoul qui le possedoit, exempta de la sujetion de l'Empire, à prix d'argent, toutes les villes de la Toscane qui en releuoient. Que Robert donna trois villes Imperiales à son fils ; Que Frederic II. affranchit Nuremberg ; Othon III. Isne ; Et Louïs de Bauieres Egre, villes qui dependoient toutes de l'Empire. Tant y a qu'il ne se trouue point de Corps, tant puissant soit-il, qui puisse souffrir vn tel retranchement de ses membres sans en estre beaucoup affoibly ; c'est pourquoy, pour éuiter ce démembrement, qui peut auec le temps non seulement diminuer les forces d'vn Estat, mais l'aneantir tout à fait, les puisnez de

France ny les filles ne partagent jamais la royauté auec leur aisné; & mesme ce qui leur est donné par appennage, ou par assignat, est sujet à reuersion, tant les loix de l'Estat ont esté soigneuses de le conseruer en son entier.

Tout bien consideré, ces deux extremitez, dont l'vne est de se voir dans vne vie priuée & sujete aux loix; & l'autre d'en sortir par election, pour entrer d'vn plein sault dans vne autorité qui est absoluë, comme l'est celle d'vn Roy, sont si esloignées l'vne de l'autre, qu'il est presque impossible que le mouuement rapide qui esleue vn homme à cét honneur, ne luy cause en le possedant quelque vertige, ou quelque esbloüissement, là où quand il y vient par vn droit successif, dont le cours est naturel & tranquille, il en joüit auec moderation, comme d'vne heredité legitime qui luy est escheuë. L'obeïssance alors, qui est deuenuë naturelle en ses sujets, par la coustume d'obeïr à ses peres, luy sera renduë auec plus de joye que de repugnance. Il y a encore vn autre inconuenient assez considerable dans les Royaumes qui sont electifs, en ce que la brigue de ceux qui ont eu quelque pretention en la royauté, laisse toûjours quelque émotion dans l'Estat. Que si quelqu'vn vient à la Couronne comme vn vsurpateur, il est certain que les troubles qu'il aura causez en faisant ce changement, ne s'appaiseront jamais jusques à ce qu'vne longue suitte de generations & d'années y ait apporté le calme.

La nature donne le rang aux enfans selon leur âge. L'aisné doit tenir le premier, comme le plus proche du sang du pere, ou pour estre entré le premier en la communauté, ou pour auoir, comme le plus vieux en la famille, plus d'experience que les autres pour la bien gouuerner, & sur tout en la royauté. Aussi voyons-nous que parmy toutes les nations du monde la coustume conserue aux aisnez leur droit de primogeniture, jusques aux peuples des Indes nouuellement descouuerts, dont la relation nous apprend qu'ils eurent beaucoup de joye quand ils virent executer à mort Atabalippa leur Roy, qui auoit vsurpé le Royaume de son frere aisné contre la coustume du pays. Dans les saintes Lettres Dieu s'est reserué pour luy les premiers non seulement des fruits & des hommes, mais de toutes sortes d'animaux; & de toutes les playes dont fut affligé le peuple d'Egypte, il n'y en eut point de plus sensible que quand Dieu fit mourir les aisnez de toutes les familles, depuis celle du Roy jusques à la derniere; & mesme sans en auoir excepté tout le bestail. Au Deuteronome 21. nous voyons que le fils de la femme odieuse est preferé à celuy de la bien-aymée, & qu'en consideration de son droit d'aisnesse on luy ordonne vne double portion dans l'heredité de son pere.

On ne déroge point à ce droit

sans apporter beaucoup de trouble dans les familles; & quand on l'a voulu faire en celle des Roys, les Estats du pays l'ont souffert tres-rarement. Nous en auons vn exemple tres-remarquable en la personne de Carloman, frere aisné d'Alme, qui fut adopté par Lancelot, Roy de Hongrie, pour luy succeder en la royauté ; & neantmoins, quoy qu'il fust louche, bossu, boiteux & begue, & qu'on luy eust fait prendre les Ordres de Prestrise, les Estats generaux chasserent le puisné, & ne voulurent point d'autre Roy que l'aisné, qui fut remis en ses droits, puis dispensé des Ordres de Prestrise, & finalement marié.

Le droit d'aisnesse se conserue entre les filles en toute heredité, si ce n'est dans la royale. En celle-là la loy Salique, qui est presque vniuerselle en tous Estats, en exclud toutes les femmes. Cette loy est fondée sur celle de Dieu, qui ordonne que la femme soit soûmise à l'homme, & sur celle de nature, qui ne peut souffrir que le sexe le plus fort obeïsse au plus foible. En effet les femmes estant inhabiles à toutes les fonctions royales, qui ont besoin de vigueur & de bon sens, on a eu raison de ne leur en commettre pas le soin. Premierement leur constitution naturelle est trop delicate pour tous les exercices de la guerre, qui sont d'vne si grande fatigue, que vray-semblablement tout ce qui se dit des Amazones, n'est qu'vn conte de l'histoire fabuleuse, ou la fixion d'vn Roman. S'il y en a encore, ou s'il y en a eu autrefois, les montagnes qui nous separent d'elles sont si hautes, & les fleuues si larges & si profonds, qu'on ne passe jamais des vns aux autres.

En second lieu la prudence des femmes est si courte en ce qui est du maniement des affaires, que quelqu'vn a assez ingenieusement remarqué, qu'entre toutes les Deesses il n'y auoit eu que Pallas qui n'auoit point eu de mere, pour monstrer que la sagesse ne procedoit point des femmes. Pour cette raison les loix ne leur permettent point de juger, de postuler, de prescher, ny de regenter, qui sont autant d'actions qui toutes ont besoin de bon sens, & qui se font toutes dans les lieux publics, où les femmes ne peuuent estre toûjours auec bien-seance. Du moindre au grand, si l'exercice de toutes ces choses est defendu aux femmes à cause de leur incapacité, à plus forte raison le doiuent estre toutes les fonctions royales qui desirent vn plus grand soin, & qui sont d'vne plus grande consequence.

Toute Reyne qui regne par vn droit successif, vient à la Couronne comme heritiere de son pere, qui n'a point laissé d'enfans masles pour y succeder. Si elle est encore fille, il me semble que la pudeur & la modestie d'vne vierge doit estre bien interdite de se trouuer seule dans vne assemblée composée d'hommes seulement, sans

sans auoir auprés d'elle aucune personne de son sexe ; & plus embarrassée encore quand il faut deliberer sur vn poinct d'Estat important qu'elle n'entend point, & le resoudre: Quoy qu'elle y preside, il faut neantmoins que pour n'auoir pas assez de suffisance pour le decider, elle s'en remette à son Conseil ; & alors c'est ce Conseil qui regne, & non pas elle. Dans ce Conseil il est presque impossible que de tous ceux qui sont de ce nombre il n'y ait quelqu'vn qui ait plus la confidence de la Reyne ; & dés ce mesme instant elle ne s'attire pas seulement l'enuie du reste de son Conseil, mais elle s'expose aussi au jugement temeraire d'vn public, qui est toûjours prest de mal penser d'autruy, & sur tout de la personne qui luy commande.

Si la Reyne se marie, comme elle le doit faire de necessité pour donner à son peuple vn successeur, il faut qu'elle espouse vn sujet ou vn Prince estranger. Si elle espouse son sujet, il y a quelque chose à redire en ce mariage, en ce que la Reyne fait de son sujet, qui est nay son seruiteur, son mary; & quelque chose à redire aussi du costé du sujet, lequel estant nay homme renonce à son priuilege en s'assujetissant à vn sexe, qui par la loy de Dieu & de la nature luy doit obeïr en se mariant.

Que si elle pretend d'espouser quelque Prince estranger, difficilement se pourra-t'on accorder des conditions du mariage ; tesmoin celles qui furent proposées à l'Archiduc d'Austriche voulant se marier auec la Reyne d'Angleterre Elizabeth ; à sçauoir, Qu'il ne se feroit point appeller Roy ; Qu'il ne feroit point dire la Messe en Angleterre ; Qu'il ne donneroit aucun Office ny Benefice sinon aux Anglois ; Et que si la Reyne mouroit sans enfans, il ne pourroit retenir aucune chose en Angleterre. La dureté de ces conditions fut cause de la rupture de ce mariage. Les articles accordez entre Philippes de Castille & la Reyne Marie d'Angleterre eurent quelque chose encore de plus rude ; parce qu'outre que les estrangers furent exclus de pretendre aucune charge en l'Estat, il fut arresté qu'il ne pourroit emmener hors d'Angleterre la Reyne, ny aucun de ses enfans, s'ils en auoient, que de son consentement; Qu'il ne s'expedieroit aucunes lettres ny aucun mandement que sous le seing & le nom de la Reyne, & qu'elle joüiroit seule de la souueraineté du Royaume, à laquelle le mary renonceroit; & qu'il ne pourroit estre appellé que le mary de la Reyne. Ce mariage, qui fut si injurieux d'vn costé, & de l'autre si plein de mespris, auoit causé vne si grande mes-intelligence entre ces deux Nations, que si la Reyne ne fust morte, il en fust reüssi quelque tres-funeste accident.

Outre tous ces inconueniens, qui sont assez considerables, pour ne souffrir pas qu'vne femme soit pourueuë de l'autorité royale, il y en a encore vn autre qui est tres-important à tous les sujets en leur particulier; parce qu'en se soûmettant volontairement à l'autorité souueraine d'vne femme, ils semblent consentir tacitement que celle, qu'ils ont espousée, tienne le mesme rang en la famille, qui est vn petit modele sur lequel a esté formé toute Monarchie. Si le mary ne le veut pas souffrir de son bon gré, la femme l'vsurpera malgré luy, fondée sur l'exemple de la Reyne, qui ne luy refusera pas son secours en cette occasion pour affermir encore plus son autorité par vne si grande recreuë.

I'ay veu, estant en Angleterre, vn exemple de ce que ie dis, où long-temps apres la mort de la Reyne Elizabeth les femmes conferuoient encore en leurs familles l'autorité qu'elles auoient vsurpée fous son regne, & peut-estre y reste-t'il encore presentement quelques vestiges de cette ancienne vsurpation. A dire vray cette Princesse ne doit point estre mise au nombre des femmes; elle auoit quelque chose de plus masle & de plus releué, elle estoit ce qu'on appelle communément vne Virago, qui est vn mot qui ne se peut exprimer en nostre langue. Estant en Angleterre, il y a prés de quarante ans, j'ay sceu en confidence d'vn Medecin qui l'auoit seruie quelque temps, qu'il y auoit en sa personne quelque defaut qui la rendoit incapable d'auoir des enfans, & que pour le couurir elle escoutoit toutes les propositions de mariage qu'on luy faisoit sans jamais rien conclure; & que mesme elle ayma mieux s'exposer à la calomnie d'auoir eu de l'amour pour quelques Grands de son Royaume, que de laisser le moindre soupçon de son impuissance naturelle. Quoy que puisse dire l'histoire medisante, cette Reyne a esté si ferme & si constante en sa bonne & en sa mauuaise fortune, si sage en ses conseils, & si virile en toute la conduite de sa vie, qui ne sont point des qualitez feminines, qu'elle doit pluftost tenir rang entre les personnes illustres de nostre sexe, que du sien.

Chapitre XVIII.

QV'VN ROY NE PEVT RENDRE tout seul la Iustice à ses sujets. Quelles doiuent estre les qualitez de ceux qui sont appellez pour luy ayder. Que la superfluité des officiers de Iustice est plustost tolerée par po'ice que par raison.

I'Ay fait voir dans les Chapitres precedents que le gouuernement Monarchique, deuolu par vn droit successif au plus proche du sang, est plus conforme à nature que toute autre sorte de gouuernement ; mais comme il est le plus parfait de tous, sa fonction est d'autant plus difficile à faire qu'elle est reduite sous la direction d'vne seule personne.

En effet, quoy que le dehors de la royauté ait de grands attraits, & qu'il n'y ait rien de plus doux en apparence que de pouuoir tout faire impunément, & de n'auoir point de compagnon, si est-ce que nous apprenons par la bouche d'vn Roy, que quiconque trouueroit à ses pieds vne Couronne royale ne la releueroit jamais pour se la mettre sur la teste, s'il sçauoit de combien d'espines poignantes en est composé le tissu ; Quelques autres encore ont esté de cette opinion apres en auoir fait l'experience, & s'il y en a quelques-vns qui le dissimulent, ils le font assez voir, en ce qu'il y en a eu bien peu, qui pour se deliurer de la foule du monde & de l'embarras des affaires, n'ait eu son petit Coucher, ou son Versailles, comme le feu Roy, pour y viure à l'escart d'vne vie commune & priuée auec quelques-vns de leurs plus familiers domestiques.

Il est certain que si vn Roy regnant estoit obligé de jouër toûjours vn personnage majestueux, sa condition seroit pire que celle d'vn Roy de Comedie, qui n'est plus le mesme Acteur tout aussitost qu'il est derriere le theatre, quoy qu'il y soit encore reuestu de tous les ornemens royaux. Tout Souuerain est sujet à deux choses qui sont d'vne grande contrainte, dont l'vne est de ne pouuoir jouïr pleinement de la douceur de la societé, veu que l'interualle qu'il y a de luy à ses sujets & de ses sujets à luy, fait entr'eux vne grande solution de continuité; l'autre est de se voir en la necessité d'associer au gouuernement quelques personnes capables de souftenir auec luy le poids de la Royauté ausquels il faut qu'il prenne toute confiance, attendu qu'il luy est impossible de faire, estant seul, toutes les fonctions Royalles, ny de terminer tous les differends particuliers qui naissent entre tous ses sujets.

Nous auons vn bel exemple dans les saintes Lettres de cette impossibilité de tout faire, en la personne de Moyse, lequel se seruit vtilement du conseil de Iethro son beau-pere, quand il luy representa qu'il ne pouuoit suffire tout seul à faire entendre au peuple la volonté de Dieu, & à juger tous ses differends, & qu'il se consumeroit, & tout le peuple, de qui il estoit obsedé. *Stulto labore*, ce sont les mesmes termes de l'Escriture, s'il ne choisissoit parmy tout ce peuple des hommes puissans, craignant Dieu, aymant verité & haïssant auarice, pour en faire en chaque lignée des Chefs, des Tribuns, des Centeniers, des Cinquanteniers & des Dixainiers qui auroient la puissance de juger sur champ les differends de ceux qui seroient compris en leur denombrement. Et que pour toutes les choses importantes, comme de consulter Dieu, de faire entendre au peuple la Loy à laquelle il doit obeïr; la Religion qu'il doit suiure, & la profession en laquelle vn chacun se deuoit occuper, il s'en reseruast à luy seul la connoissance & la disposition.

Ainsi le poids des affaires grandes & petites, estant divisé se rendroit plus supportable ; & en ce faisant, dit Iethro, parlant à Moyse, Dieu sera auec toy, qui seras soulagé d'vne peine à laquelle tu ne pouuois suffire tout seul: & Dieu sera aussi auec son peuple, lequel ayant esté jugé promptement par ceux qui en auront eu la mission; & ayant appris la volonté de Dieu par ta bouche, s'en retournera content & en paix chacun chez soy dés le mesme jour.

Cecy est assez considerable que quoy que ce sage Legislateur se vist accablé sous la conduite d'vn peuple qui estoit indisciplinable alors, pour n'auoir point encore eu de Loy escrite, & qui dans vne seruitude de quatre cents ans auoit contracté toutes les imperfections des esclaues, il ne s'auisoit pas luy-mesme, sans le conseil de Iethro, de prendre quelques personnes auec luy, qui fussent capables de le soulager d'vne partie de son trauail ; Ce qui nous fait connoistre qu'vn esprit quoy que mediocre, qui est en son repos, & qui se possede bien luy-mesme, a quelquefois des veuës plus nettes & des opinions plus saines & desgagées, que n'ont les Ministres les plus auisez, dont l'esprit peut souffrir quelques obstructions dans l'accablement des affaires.

Tout trauail a le repos pour sa fin ; celuy qui veut tout entreprendre n'arriue jamais à cette heureuse fin, parce que le torrent des affaires qui luy viennent en foule de tous costez ne luy permet pas d'en joüir. Le passage du trauail au repos est si necessaire en toute sorte d'action, qu'encore que le battement du pouls paroisse vn mouuement continu, si est-ce que son repos se rencontre dans cét interuale, quoy qu'imperceptible, qui se fait entre son éleuation & son abaissement. Les plis qui se font sur les eaux & sur les bleds en herbe, durant que le vent les agite, nous font voir à l'œil que dans l'instant du retour de leur reply il y a dans la tempeste mesme quelque moment de repos.

Il est donc constant qu'il faut

reprendre haleine dans les affaires comme en toute autre sorte de trauail, & qu'il est impossible qu'vn Prince puisse suffire tout seul à toutes les fonctions royales, s'il n'appelle à son secours quelques Iuges subalternes pour le soulager, ausquels il laisse le pouuoir de terminer toutes les menuës affaires, se reseruant pour luy la connoissance & le jugement de toutes celles qui seront les plus importantes.

Et d'autant que la Iustice est esgalement Iustice dans les petites affaires comme dans les grandes, & que la premiere digression des procez se commence toûjours par des Iuges subalternes, nostre sage Legislateur a voulu que la premiere qualité d'vn Iuge fust d'estre puissant,

puissant, c'est à dire incapable de se destourner de son deuoir, pour quelque consideration que ce pust estre; ce qui arriue souuent à vn homme impuissant & foible, & qui n'a qu'vne mediocre creance parmy le peuple.

La seconde qualité d'vn bon Iuge est de craindre Dieu. Cela estant il rendra toûjours bien la Iustice, parce que toutes les loix ciuiles tirent toute leur force & toute leur autorité de la loy de Dieu, sur laquelle s'est fait leur premier alignement.

Il semble qu'il soit superflu d'auoir adjousté à ces deux premieres qualitez d'vn bon Iuge, celle d'aymer la verité; parce qu'il est impossible de fauoriser vn mensonge sans estre opposé directement à Dieu, qui a dit luy-mefme qu'il eftoit la Verité ; ny d'eftre puiffant, puis qu'il n'y a point vne plus grande foibleffe que de n'ofer dire, ny fouftenir la verité. Le menfonge eft fouuent captieux, & fi bien déguifé fous l'apparence du vray, que fi vn Iuge, comme vn changeur, n'a la capacité de reconnoiftre le bon d'auec le mauuais alloy, il fera fouuent furpris.

La quatriefme qualité requife à vn bon Iuge, eft de n'eftre point auare. Les autres vices ne luy font point deffendus, pour n'eftre point fi directement oppofez à la fonction d'vn bon Iuge, ny fi capables de le corrompre comme l'auarice. Le procez eft vne efpece de guerre dans laquelle il y a quelque honte d'eftre vaincu;

DE LA POLITIQVE. 335
c'est pourquoy les deux parties qui plaident ensemble taschent d'auoir l'auantage du combat autant pour leur honneur que pour l'interest du bien. En cette occasion le plus asseuré stratageme pour vaincre est de presenter. Si vostre Iuge est à vendre ou non, s'il se met à prix il sera au plus offrant & dernier encherisseur.

Cecy est assez considerable, qu'en ce dénombrement de Iuges qui ont leur subordination les vns aux autres, l'Escriture entend que tous les subalternes, depuis le dixainier jusques au chef de la lignée, ayent esgalement les mesmes qualitez que j'ay dites, desquelles les Iuges inferieurs ont besoin comme les autres Iuges, afin qu'il se fasse vne fidele instruction

Y ij

des affaires, qui puisse seruir d'vn solide fondement aux sentences diffinitiues, & aux Arrests des Cours souueraines. Parmy cette election d'hommes vertueux que fit Moyse, pour luy aider à terminer les affaires d'vn peuple confus, duquel il estoit obsedé depuis le matin jusques au soir, il ne se parle point de procureurs, ny d'aduocats, qui n'eussent point esté oubliez par vn si sage Legislateur, s'il eust estimé en auoir besoin pour l'expedition des affaires.

A bien considerer leur employ, ils paroissent estre comme vn exain d'hommes superflus, du secours desquels on pourroit aisément se passer, si la nonchalance des parties interessées ne les y eust point appelez. En effet quel besoin est-il qu'vn Iuge apprenne le differend qui est entre mon voisin & moy par vne autre bouche que la nostre. Il n'en peut estre mieux instruit que de nous qui sommes les interessez : Pouuons-nous pas luy faire aussi-bien entendre nos raisons qu'à vn procureur ou à vn aduocat, qui le doit sçauoir de nous auant que de les déduire en Iustice. Toute eau doit estre plus claire en sa source qu'en son ruisseau ; Il est certain que la plus grande partie des procedures qui font durer les procez cesseroit, si nous estions ouïs par nos bouches, & que nous joüirions de la promesse que l'Escriture fait au peuple d'Israël de s'en retourner en paix chacun chez soy dés le mesme jour, en obeïssant à la sentence de celuy qui luy aura esté subdelegué pour le juger; & qu'en ce faisant Dieu seroit auec luy. Nous voyons au contraire que parmy nous il s'en absente, quand il nous fait passer par les mains d'vn si grand nombre d'officiers de Iustice, qui nous balottent & tiennent les affaires dans vne si grande longueur, que pour les solliciter il nous faut souffrir vn exil perpetuel hors de nos maisons; & qu'apres les auoir terminées, Dieu se rencontre aussi peu souuent auec le vainqueur comme il fait auec le vaincu.

Ie ne suis pas assez instruit de l'Histoire ancienne, pour sçauoir si les Grecs & les Romains qui ont esté de grands politiques, ont eu les mesmes officiers de Iustice que

DE LA POLITIQVE. 339
nous auons, & si ce mot de clien se rapportoit entr'eux à la personne du plaideur, & celuy du patron à celle de l'aduocat, ou si c'estoient deux sortes de gens, dont l'vn se mettoit sous la protection de l'autre, qui l'y receuoit : car ie n'estime point que dans ces deux republiques, où vn chacun pouuoit auoir part aux affaires, il y ait eu quelque personne si peu instruite des sceances, qu'estant appellée en jugement deuant le Preteur, le Questeur, ou deuant le peuple, elle ait eu besoin pour se deffendre d'vn autre aduocat que d'elle-mesme ; Mais comme c'estoient des estats où toutes sortes de conditions estoient appellées dans les affaires publiques, & qu'il falloit rendre

Y iiij

compte au Senat & au peuple de leur negotiation, & se deffendre deuant eux si on estoit accusé d'auoir mal versé; la partie interessée pouuoit alors appeller à son secours vne personne plus eloquente qu'elle pour la deffendre, qui sous le nom d'orateur luy tenoit lieu de son aduocat. Il me souuient aussi d'auoir leu dans Ciceron en quelque lieu, qu'aux jours que le Senat n'assembloit point, il y auoit tousiours sur la place quelques anciens Senateurs qui donnoient gratuitement leur aduis, si on auoit quelque chose qui fust importante à leur demander, & que ces personnes-là estoient consultées comme le sont presentement nos aduocats.

Ceux qui ont voulu raffiner sur

DE LA POLITIQVE. 341

la politique, ont estimé que cette multitude d'officiers, quoy que superflus, n'a pas esté seulement tolerée de nos Roys, mais qu'elle a esté introduite par vn secret mystere d'Estat. Ils ont reconnu premierement que nostre Nation estant belliqueuse & naturellement inquiette, auoit besoin de quelque occupation qui luy pust seruir d'amusement & fixer la legereté de leur esprit. Ils ont reconnu en second lieu que la France estant scituée dans vne esleuation du Pole fort temperée, ne pouuoit manquer d'estre fort populeuse & feconde en hommes, & que pour les maintenir en paix il estoit necessaire de leur donner quantité de loix & de coustumes differentes, & quantité d'officiers aussi pour les interpreter, afin que la plus grande partie des affaires qui est souuent à deux faces & à deux enuers, fussent tousjours dans vn flus & dans vn reflus perpetuel. Ainsi le procez n'estant qu'vn petit conflit, qui se fait entre quelques particuliers, ne pouuoit iamais exciter vne guerre ciuile ; là où si cette multitude infinie d'hommes, qui fourmille parmy nous, n'estoit point occupée en cette contention particuliere que cause la diuersité des procez, & que tous les officiers de Iustice n'eussent point quelque interest de nourrir cette Hydre, de laquelle ils ne coupent iamais vne teste qu'il n'en renaisse plusieurs autres ; il est certain que tant de peuple, qui seroit oisif, ne se tiendroit jamais dans l'obeïssance qui est deuë au Prince; de sorte que le procés, qui n'est qu'vn petit esgoust de quelques mauuaises humeurs, est en quelque façon vn preseruatif contre vn plus grand mal, comme le pourroit estre celuy d'vn souleuement ou de quelque seditieuse nouueauté dans l'estat.

La mesme raison d'Estat fait qu'on tolere aussi parmy nous vne chose qui a esté renduë legitime par l'vsage qui ne le paroist pas en effet, qui est de permettre aux jeunes gens de l'vn & l'autre sexe de se jetter dans vn Conuent, sans attendre le consentement de leurs parens, pour y faire les vœux de pauureté, de chasteté & d'obedience dans vn âge auquel le jugement n'eſt pas encore tout à fait formé, ſans pretendre d'attenter à l'autorité des Conciles & à l'vſage de l'Egliſe que ie reſpecte; de ſorte qu'il ſemble que ce ſoit agir contre la droite raiſon & vne eſpece d'infanticide de ſouffrir qu'vn enfant âgé ſeulement de quinze ou ſeize ans, diſpoſe en cét âge-là, malgré ſes parens, de la ſeule choſe qui eſt en ſa puiſſance, qui eſt ſa liberté; & qu'il faille que la meſme loy du pays, qui luy donne ce pouuoir, luy oſte celuy de diſpoſer de tous les autres biens, qu'il ne ſoit auparauant deuenu majeur.

Quoy qu'il paroiſſe d'abord que la tolerance de ces trois vœux prematurez, qui ſe font auant la majorité, ayent quelque choſe en eux qui soit contre le bon sens & l'équité naturelle; si est-ce toutefois que si on examine l'vtilité qui en reuient au public, on trouuera premierement que les deux vœux de pauureté & de chasteté, quoy que faits hors de leur saison, seruent d'vne grande descharge aux familles particulieres & à l'Estat, & que celuy de l'obedience, qu'on dit estre le plus difficile de tous, se rend plus aisé, quand, de l'obeïssance qui s'est renduë tout fraischement à vn pere & à vne mere, jusques en l'âge de quinze ou seize ans, on passe sous la direction d'vn aduisé Superieur ou d'vne sage Superieure, que quand dans vn âge plus meur & plus auancé, on a contracté quelque mauuaise habitude, sous la tyrannie de laquelle se trouue desja assujettie la liberté de nostre volonté propre.

Le vœu de pauureté, qui consiste seulement à n'auoir rien en propre à soy, n'exclud point celuy qui le fait de joüir en communauté de toutes les commoditez de la vie, comme il se void en toutes les maisons Religieuses mandiantes, ou rentées. On permet aux jeunes gens de le faire pour preuenir les desbauches que l'abondance des biens peut causer, quand on est en l'âge de les posseder; & afin aussi que par cette décharge la maison & la succession du pere se puisse mieux conseruer en son entier.

Pour ce qui est du vœu de la chasteté, il est absolument important qu'il soit permis de le faire en cét âge-là, dans vn Estat tel que le nostre, qui n'est que trop remply de peuple, & le seroit encore dauantage, si la porte des Conuents n'estoit point ouuerte à vne infinité de jeunesse, qui dans l'âge d'vne puberté naissante n'a pojnt encore eu que de foibles & imparfaits mouuements d'incontinence, qui se feroient beaucoup mieux fait sentir dans l'aage de leur virilité, s'ils l'auoient attenduë auant que d'y entrer, sans le secours d'vn vœu de cette nature qui est sterile & infecond ; il est certain que l'Estat seroit surchargé d'vn nouueau monde de Religieux & de Religieuses, & de leurs generations qui feroient vne si grande inondation de peuple, qu'vne partie seroit contrainte de mourir de faim, ou d'aller chercher ailleurs de nouuelles terres pour viure.

Les débordemens des Allemands en Gaule du temps de Cesar; ceux des Cimbres & des Teutons en la Gaule Narbonnoise, que deffit Marius; & les nostres sous Brennus, dans l'Italie, dans la Grece, & dans vne partie de l'Asie, à laquelle est encore demeuré le nom de Gallogrece; & celle des Vandalles, des Hums & des Visigots sur nos terres, n'ont apparemment procedé que de ce que dans le Paganisme peu de gens ont fait le vœu de chasteté. A present que ce vœu s'est rendu si commun dans toute la Chrestienté, qui fait la meilleure partie de l'Europe, l'Europe, nous ne voyons plus le dégorgement de toutes ces inondations. Et certes quand nos Heresiarques nouueaux ne seroient point coupables d'aucun autre crime public, que de celuy de vouloir oster le celibat des Ecclesiastiques, & fermer la porte des Conuents à eux & à nous, on ne peut les excuser qu'ils ne soient en cela criminels d'Estat & de leze Majesté.

Nous voyons en ce chapitre la necessité qu'il y a que ceux qui sont employez dans les offices de Iudicature soient puissans, craignant Dieu, veritables & haïssant l'auarice ; & que quoy qu'il y ait des choses tolerées dans vn Estat, qui paroissent d'abord superfluës & illegitimes, il ne les faut pas

Z

temerairement condamner sans auoir auparauant bien examiné les causes qui les ont introduites.

CHAPITRE XIX.

QV'IL N'APPARTIENT QV'AV Roy d'ordonner de l'employ & de la vacation d'vn chacun. Et que nous sommes tous capables de faire toutes sortes de mestiers.

COMME nous voyons que dans la teste de l'homme il reside vn certain esprit de direction, qui seul a la puissance de faire agir la fonction de chaque partie du corps; & que quoy que les yeux, les aureilles, & la langue, soient doüées d'vne faculté visiue, auditiue & vocale; & que les mains & les pieds le soient aussi d'vne puissance motrice, ils ne peuuent non plus que ces autres parties-là, faire la fonction de laquelle ils sont naturellement capables, que par l'impulsion qu'ils en reçoiuent de ce mesme esprit. Ainsi dans le corps politique, quoy que les Grands, qui en sont les yeux, les aureilles & la langue; & que le menu peuple, qui en represente les pieds & les mains, ayent en leur particulier vn talent naturel qui les rend habiles à faire chacun sa fonction pour le bien commun de l'Estat, ils ne la peuuent produire auec ordre, que selon le choix qui en est fait, & la concession qui leur en est donnée de l'esprit du Prince, auquel toute cette direction appartient ; & qui, comme celuy qui en est le chef, peut ordonner de la place

& du rang que doit tenir vn chacun; de la vacation qu'il doit exercer; du meſtier auquel il ſe doit appliquer; & de voir s'il y a rien de mal rangé, de defectueux, ou de ſuperflu dans la diſpoſition de toutes ces conditions, afin d'y remedier promptement.

Tout gouuernement politique ne peut eſtre bien inſtitué s'il n'a eſté formé ſur le modele de la famille, qui luy a ſeruy de premier fondement. Le pere, qui en eſt le chef, luy tient lieu de ſouuerain; les enfans, qui comme les principaux domeſtiques ont les premieres charges dans le meſnage, repreſentent les Grands de l'Eſtat; & les valets de peine repreſentent le menu peuple, qui eſt employé dans les arts mechaniques & ſeruils, qui, quoy que les plus bas, ne font pas moins necessaires que les autres pour le maintien de la famille & de l'Estat. Ainsi il est certain qu'il ne peut jamais y auoir vne bonne harmonie entre les parties basses & hautes qui entrent en la composition de ces deux formes de gouuernement, si elles ne font bien concertées ensemble, & que le Prince & le pere de famille ne soient les deux maistres du chœur.

Ce ne fut donc pas sans raison, si outre le soin des loix & de la Religion, Moyse se reserua encore pour luy seul celuy de monstrer au peuple la voye qu'il deuoit tenir, *Et opus*, dit l'Escriture, *quod vnusquisque facere debeat*, qui fut vn moyen de conseruer son autorité sur toutes sortes de conditions, en disposant de la vacation & du mestier que chaque personne seroit obligée d'exercer en faueur de la communauté.

Cette subordination de conditions & d'emplois sous vn chef, n'est qu'vne imitation des differens estages de nature dans l'vniuers, où il se fait vne liaison si necessaire des choses grandes auec les petites sous la direction de son auteur, que sa beauté & sa durée ne se peuuent conseruer que par là. Cette mesme subordination est si essentielle pour le maintien de quelque forme d'Estat que ce soit, qu'il n'y a point de police qui puisse subsister sans elle.

Aussi auons-nous veu que sous les Roys, les Romains diuiserent leurs citoyens en Senateurs, Cheualiers, & le menu peuple; & quand leur Eſtat deuint populaire, ils conſeruerent cette meſme diuiſion. L'Eſtat de Veniſe eſt compoſé de nobles, de citadins, & du peuple. Celuy d'Egypte l'eſtoit de Preſtres, de gens-d'armes & d'artiſans. Nos anciens Gaulois ont eu leurs Druides, qui auoient le ſoin des loix & de la Religion; Ils auoient auſſi leurs gens de cheual qui eſtoient employez pour la guerre, & le menu peuple pour toutes les manufactures. Preſentement nous auons parmy nous le Clergé, la Nobleſſe, & le tiers Eſtat, dans lequel ont eſté confondus toutes ſortes de Magiſtrats auec le menu peuple; la Nobleſſe par ſa nonchalance, ou par vne fausse police, ayant negligé ou laissé vsurper sur elle toutes les charges de judicature, desquelles originairement elle estoit en possession.

Le Clergé tient le premier rang dans l'Estat sous l'autorité du Roy, Dieu nous ayant fait voir l'excellence des Roys en la personne de Moyse, auquel fut donnée la Loy ceremoniale, la disposition de toutes les fonctions des Leuites, la commission de faire bastir le Tabernacle & le Sanctuaire, & d'ordonner des ornemens Sacerdotaux, & de tout ce qui faisoit besoin pour le seruice diuin.

Nos Roys sont les censeurs naturels de leur Royaume, comme ils en ont fait la diuision en trois Corps ; à sçauoir du Clergé, de la

Noblesse, & du tiers Estat. C'est à eux seuls aussi qu'appartient directement le pouuoir de faire vne reueuë sur ces trois Corps, dans les choses qui regardent l'Estat, & d'examiner s'ils ont conserué la juste proportion qu'ils doiuent auoir, & si chaque Corps est demeuré dans ses dimensions legitimes qu'il ne doit point outrepasser.

C'est à luy de voir si le Clergé, qui tient le premier rang dans l'Estat, qui est dispensé de la guerre, & de toutes sortes de charges, & qui tient en main-morte toutes les terres qu'il possede, n'est point assez riche sans qu'il luy soit encore permis de receuoir de nouuelles fondations ; & s'il ne seroit pas plus juste, s'il luy reste quelque chose de superflu, qu'il fust employé plustost en aumosnes, qu'en de nouueaux acquests, qui ne se peuuent faire qu'à la foulle des laïques & de l'Estat.

Bodin remarque en sa Republique, que la supputation du reuenu des Ecclesiastiques s'estant faite de son temps, par Monsieur Laleman premier President en la Chambre des Comptes, il se verifia que des douze parts des biens du Royaume, ils en possedoient les sept ; cela estant, ils se trouuoient beaucoup mieux partagez que ne le furent les Leuites, qui estoient employez comme eux dans le Seruice diuin, lesquels n'eurent que la disme des biens de toutes les autres lignées, & quelques Villes de retraitte pour eux, sans auoir eu nulle autre part que celle-là dans la Terre promise, & mesme sous cette condition que leurs dismes seroient encore dismées pour la subsistance de leur souuerain Pontife, & de toute sa famille; On ne peut douter que ce partage n'ait deu suffire à leur entretenement, ayant esté fait de la main mesme de Dieu, & non pas de celle de l'homme.

Nos Ecclesiastiques dans ce pieux empressement où l'on a esté autrefois de leur faire des fondations & des aumosnes à pleines mains, deuoient ce me semble, à l'exemple de Beseleel & d'Ooliab (qui furent employez de Dieu pour la fabrique du Tabernacle, du Sanctuaire, & de tous les vstanciles & vestemens Sacerdotaux) faire crier comme eux à son de trompe qu'on ne leur donnast plus aucune chose, & qu'ils en auoient suffisamment, & particulierement les maisons Religieuses qui sont rentées, ausquelles il ne faut que le necessaire, ayant fait le vœu de pauureté; mais au lieu de se contenter de cela, nos loix, toutes seueres qu'elles sont, ont esté si complaisantes, que la prescription qui pour la seureté publique se reduit à trente ans entre tous les autres sujets du Roy, n'a point de mesure contre eux; D'où il arriue souuent qu'vn heritage qui aura esté possedé par vn temps immemorial, & partagé peut-estre & repartagé sept ou huit fois entre des coheritiers, est arraché des mains de son possesseur, ce qui cause vne semence infinie de procez entre des parens, pour la liquidation du dédommagement d'vn chacun, qui ne finit jamais que par la ruïne de toutes les familles interessées; & ce que ie trouue de plus rare en cecy, c'est que dans ces occasions il n'y a point d'Ecclesiastique qui ne vous dise qu'en conscience on ne peut se dispenser de causer tout ce desordre, sans estre vn deserteur de la cause de Dieu. Ie le prie de nous preseruer de tels Casuistes qui ont la conscience si tendre; & de tels voisins.

Pour ce qui est de la Noblesse, soit que les Grands, qui sont à la teste de ce Corps, ayent amiablement conuenu du plus digne d'entr'eux pour les commander, ou que quelqu'vn d'eux par audace ou par vſurpation s'en ſoit rendu le maiſtre, tousjours il a fallu que la vertu qu'il a euë luy ait plus aydé que ſon audace, à remplir cette premiere place. En effet, il eſt certain que la vertu des premiers Conquerans n'a pas eſté ſi eſpurée, qu'ils n'ayent eſté contraints d'employer beaucoup de mauuais moyens pour arriuer à leurs fins. Mais puiſque leurs vices ne ſont à preſent à noſtre reſpect qu'vn venin qui ne peut plus nuire, & que la memoire des vertus qui les ont eſleuez ſur le Troſne s'eſt conſeruée juſques icy, nous leur deuons, auec noſtre ſouuenir, noſtre eſtime & noſtre imitation. Ainſi nous deuons conſiderer tout Souuerain comme vn chef du corps de la Noblesse, auquel son merite a donné le premier rang.

Ce Corps est diuisé en trois estages: Le premier est remply de ceux qui par leurs grands seruices se sont rendus dignes des principales charges de l'Estat, ou de ceux de qui les peres les ont occupées, & qui sont encore en passe pour y reuenir à leur tour. Le second est de ceux de qui la tige est noble & ancienne; mais qui s'est foiblement soustenuë par sa nonchalance, ou faute de biens ou d'employ. Le dernier estage est de ceux qui estoient du tiers Estat, qui ont esté nouuellement annoblis pour des seruices rendus dans les armées, ou par le son de la cloche, comme les Escheuins & Maires de quelques Villes priuilegiées, ou pour auoir financé quelque argent dans l'Espargne.

Les premiers Nobles, qui font les Grands, font comme des colomnes desquelles on ne se peut passer, pour ayder à souftenir vn si grand édifice, comme est celuy d'vne Monarchie; Ils font necessaires pour accompagner comme de moindres lumieres, le brillant de la Majesté royale, pour estre les vns de ses conseils, & les autres de ses plaisirs & de ses diuertissemens; mais il ne faut pas qu'ils soient en si grand nombre, ny si haut esleuez qu'ils deuiennent semblables à ces bois taillis, dans lesquels si les grands arbres ne font vn peu clair semez, il ne renaist plus sous eux que des broffailles.

Quant

DE LA POLITIQVE.

Quant à ce qui est de ceux du second estage, dont le Sang est noble & ancien, il est certain que le nombre en est assez grand. Mais pour auoir vescu faineants & obscurs chez soy, eux, & quelques-vns de leurs deuanciers, il s'est fait dans plusieurs familles illustres du premier & du second Ordre, vne si grande eclipse de la lumiere ancienne, qu'il n'en paroist plus aucun rayon, que dans quelque vieille pancarte moisie qu'ils ont esté plus soigneux de conseruer, que de tascher à l'imitation de leurs peres, de reluire comme eux de leur propre lumiere. Ces gens-là peuuent bien monstrer quelques titres de la redeuance deuë par leurs tenanciers, où qu'ils ont vne possession immemoriale des honneurs de leurs Eglifes; ce qui ne leur donne aucun rang que chez eux. Il n'y a que la vertu feule & le merite qui le donne par tout, & fur tout la vertu militaire, de laquelle la vraye Nobleffe & l'autorité mefme des Roys ont procedé. Ainfi comme on s'eft annobly par feruices en ce meftier, on peut fe def-annoblir en ne le faifant plus.

Les deux premiers ordres de la Nobleffe dont ie viens de parler, font les ouurages du temps, le dernier l'eft de la grace des Roys, qui pour remplacer l'ancienne Nobleffe qui eft morte à la guerre, ou qui s'eft aneantie ou abaftardie par le temps, à la viciffitude duquel toutes chofes font fujettes, ont voulu pour le bien

DE LA POLITIQVE. 367
de l'Eſtat que ceux qui ne ſont pas nais gentils-hommes le peuſſent deuenir, ou par leurs ſeruices rendus dans les armées, ou pour auoir eſté eſleuez Maires ou Eſcheuins en quelques Maiſons de Villes priuilegiées, ou pour auoir financé quelque argent dans la neceſſité de l'Eſpargne.

La plus noble de ces manieres eſt celle des ſeruices rendus dans la guerre. Les deux autres en effet, ſont pluſtoſt pour ſeruices à rendre, que pour ſeruices rendus, & pour s'enrooller dans le Corps de la Nobleſſe, comme de nouueaux oſtages qui ſe deuoüent au ſeruice du Roy. C'eſt pourquoy il ſeroit neceſſaire qu'eux & leurs enfans juſques à la troiſieſme generation, fuſſent obligez de faire le

A a ij

meftier, fans pouuoir demander leur miffion, qu'apres auoir feruy jufques à vn certain temps. Par ce moyen les vieux corps de Caualerie & d'Infanterie fe rempliroient de ces gens-là, qui pour fe faire voir dignes de l'honneur qu'ils auroient receu, s'efforceroient d'égaler, & mefme de furpaffer la valeur & le merite des anciens gentils-hommes, & de releuer par leur vertu la baffeffe de leur naiffance. Ainfi l'ancienne Nobleffe fouffriroit fans jaloufie que la nouuelle luy fuft affociée, quand par fa valeur & l'affiduité de fes feruices, elle feroit deuenuë ancienne & patricienne comme la leur.

Il ne me refte plus qu'à traiter du tiers Eftat, qui eft diuifé en deux chefs; l'vn eft du menu peuple, & l'autre de tous les officiers qui feruent à la Iuftice. Ce dernier eft remply de tant de parties inutiles, qui ont jetté de fi profondes racines auec le temps, qu'il eft impoffible de retrancher tout ce qu'il y a de fuperflu, que tout le corps n'en foit efbranlé. Mais auant que d'y trauailler, il faut attendre que l'Eftat ait repris vne partie de fon embonpoint, & que la fuffifance du Roy dans les affaires juge qu'il y faut remedier.

Laiffons-le donc au nombre des maux qui font incurables, & venons à l'autre partie du tiers Eftat, qui eft celle du menu peuple, que ie reduis toute entiere fous le nom d'artifans; parce qu'il n'y a point de marchands en gros, ou en détail, qui compofent le corps des

Bourgeois, qui n'ayent besoin d'art pour le commerce & pour le debit de leurs marchandises; ny de mercenaires, qui vendent la peine de leurs bras, qui n'ayent besoin de quelque industrie.

Pour mettre chaque chose en son ordre, la vie de pasteur, ce me semble, doit tenir le premier rang entre les arts ; parce que toutes les commoditez qui se retirent de la bergerie, & du gros & du menu bestail, ont le plus aydé à satisfaire au premier appetit de nature, qui est celuy de viure. Celuy de se vestir a esté le second, duquel nos premiers parens nous donnerent l'inuention quand ils se couurirent de peaux, ce que l'honnesteté ne permet pas d'estre exposé en veuë. De sorte que quand l'Escriture nous dit que Dieu leur fit des habillemens de peaux, vray-semblablement cela se doit entendre qu'il leur endurcit la peau, parce que la nudité du corps peut resister aux injures de l'air comme celle du visage, & que nous voyons encore la plus grande partie des peuples nouuellement découuerts aller tous nuds.

La necessité de se loger vint en suitte, qui fut premierement sous des tentes, qui sont logemens portatifs, qui se remuënt selon la necessité qu'en ont les pasteurs en faueur de leur troupeau. Iabel, fils de Lamech, en fut le premier inuenteur. Ie trouue aussi dans les saintes Lettres qu'en ce mesme temps, où il n'y auoit encore que des bergers, l'art de la Musique fut inuenté par Iubal frere de Iabel ; art abſolument neceſſaire pour adoucir vn peu, par le ſon de la voix, ou du chalumeau, qui eſt vn doux entretien de ſoy-meſme, l'ennuy d'vne vie ſauuage & ſolitaire, comme l'eſt celle d'vn paſteur.

Le monde alors eſtant accrû de pluſieurs generations, n'euſt pû ſubſiſter plus long-temps, ſi Tubalcaïn, frere des deux autres, n'euſt trouué l'inuention de ſa forge, du fer & de l'airain, ſans l'ayde de laquelle l'agriculture, ny preſque tous les autres arts mechaniques, qui ſont neceſſaires à la vie de l'homme ne pouuoient eſtre mis en vſage.

Ainſi nous voyons que peu apres tous les arts qui nous ſont

besoin, ont esté inuentez succesfiuement, & qu'encore que toute l'espece de l'homme, estant doüée de raison, fust capable de l'inuention & de la manufacture de toutes sortes d'arts; la nature neantmoins a voulu qu'vn chacun de nous s'appliquast par élection, l'vn à vn mestier & l'autre à vn autre, afin que dans la necessité d'vn secours mutuel & reciproque, nostre societé fust plus ferme & plus estroite entre nous.

Pour preuue que l'homme est capable de l'inuention des arts qui luy sont necessaires, & qu'il en a les semences en luy, c'est que dans la nature irrationelle des brutes, il n'y a pas vne seule espece qui n'ait chacune en sa maniere vne faculté rationelle de mettre en vsage l'art qui luy est necessaire pour son besoin particulier ; par exemple nous voyons que le ver à soye fait le mestier de foullon dans le cotton qui sort de luy, qui luy sert de couuerture & de matelas; Que l'areignée fait celuy d'vn Tisserand & d'vn Oyseleur, dans sa toile & dans ses filets; Que l'hirondelle & l'abeille font celuy d'vn Potier & d'vn Architecte, pour leurs logemens; & ainsi des autres. Si donc cette faculté rationelle des arts est innée diuisément & par parcelles en toute la nature des brutes, selon le besoin qu'elles en ont ; il s'ensuit qu'elle le doit estre collectiuement & en gros en l'homme, qui naturellement est doüé de raison, & que son espece qui a besoin de toutes

DE LA POLITIQVE. 375
fortes d'arts pour son vsage, doit auoir vne faculté de les inuenter, & que celle des brutes n'est capable simplement que de celle qui luy est necessaire.

Peut-on des-auoüer que l'homme n'ait en soy les semences des arts, quand on considere que tout art s'apprend ou de quelqu'vn qui le monstre, ou par les liures qui en traitent, ou par vne forte application qu'on y apporte soy-mesme; Ceux qui l'apprennent d'vn maistre ne s'auancent gueres, s'ils ne sont attentifs à ce qu'on leur monstre, s'ils ne l'examinent & s'ils ne l'approuuent. Or est il que cét examen & cette approbation ne se peut faire s'il ne se sent auparauant dans l'esprit du disciple quelque rayon visible de la chofe enfeignée, de laquelle il ne fe fait point de tranflation dans l'auditeur, mais pluftoft on excite les femences des arts qui font en luy, lefquelles fouuent font fi preftes à fe produire elles-mefmes, que l'auditeur preuient la parole de celuy qui l'enfeigne, & luy fait voir qu'il l'entend auffibien que luy, & quelquesfois mieux.

C'eft pourquoy Socrate auoit accouftumé de dire qu'il eftoit femblable à vne Sage-femme, & qu'en enfeignant les hommes, il ne feruoit feulement qu'à leur ayder à enfanter le fait qu'ils auoient desja conceu. En effet, puifque toutes chofes ont entr'elles vne certaine connexité, leurs raifons auffi s'entretiennent ; de forte que d'vn principe enseigné ou connu par soy-mesme, on passe aisément à la connoissance de plusieurs choses, lesquelles ont leur liaison auec ce principe, ou sa dependance de luy. L'esprit de l'homme a la mesme faculté pour descouurir la verité, que les pieds l'ont pour cheminer en auant. Enfin s'il est vray qu'on ait appris quelque art, ou quelque science de quelqu'vn, il est vray aussi que ce quelqu'vn l'a apprise d'vn autre, & cét autre d'vn autre, dont le progrés jusques à l'infiny, fait que j'infere qu'à ce deffaut d'vn premier maistre, il a fallu que c'ait esté la nature qui en ait infus les premieres notions en nos ames.

Ainsi nous voyons que l'homme, entant que raisonnable, peut

sçauoir toutes sortes d'arts & de mestiers; mais quoy que tous les hommes soient compris sous vne telle espece, comme leur forme exterieure a plusieurs signes visibles, qui seruent à les distinguer les vns d'auec les autres, l'interieure aussi à beaucoup de caracteres differens, qui quoy que inuisibles se reconnoissent par la diuersité de l'occupation d'vn chacun. Cette difference de caracteres & d'emplois qui se rencontre en la forme exterieure & interieure de l'homme, estoit absolument necessaire pour euiter toute confusion; sans elle il n'y a point d'Estat qui puisse estre bien reiglé; parce qu'en la dissemblance des visages on reconnoist celuy auec qui l'on traite, & que dans la diuerfité des arts & des meftiers, qui s'exercent felon le choix d'vn chacun, il fe fait vn commerce d'offices refpectifs qui entretient la focieté publique. C'eft au Prince feul de prendre garde, fi en cette diuerfité de meftiers & d'emplois, il n'y a rien de defectueux ou de fuperflu pour y remedier.

Chapitre XX.

QVE L'EXPERIENCE A FAIT reconnoiſtre le peril qu'il y a de trop agrandir vn ſujet, & de laiſſer faire à vn Miniſtre toutes les fonctions royales.

I'Espere de faire voir dans les Chapitres ſuiuans de quelles perſonnes ſe doiuent ſeruir les Roys pour leur ayder à rendre la Iuſtice à leurs peuples; & quelles ſont auſſi les choſes deſquelles la direction leur appartient à eux ſeuls. En cettuy-cy, ie pretends de monſtrer qu'vn Roy ne doit jamais agrandir vn ſujet plus que de raiſon, & qu'il ne peut laiſſer faire toutes les fonctions royales à vn ſeul Miniſtre ſans hazarder beaucoup, ny ſans offenſer Dieu, duquel il a ſa miſſion pour regner,

gner, & il ne l'a pas de fe démettre de la puiſſance royale en faueur d'vn autre, ny de le laiſſer agir en Roy.

Vn Roy, qui eſt l'Oinct du Seigneur, peut auſſi peu transferer ſon Onction ſacrée à ſon ſujet, qu'vn Chreſtien la grace de ſon Bapteſme à vn Infidelle.

La Royauté, qui conſiſte en la fonction, & non pas au titre, eſt vne heredité qui luy vient par ſa naiſſance, ou par election, à laquelle la loy de Dieu, de nature, & de l'Eſtat ne luy permettent pas de renoncer.

Quoy qu'il paroiſſe aſſez ſuperflu de traiter cette queſtion, maintenant que nous auons vn Roy qui gouuerne luy-meſme auec tant de prudence & d'exactitude, qu'il ne laisse presque rien faire à ceux qui sont de son Conseil, sans y assister ; Neantmoins parce qu'il y a vn nombre infiny d'exemples de la trop grande indulgence qu'ont euë quelques Roys enuers leurs Ministres & leurs Fauoris, ie ne laisseray pas, en faueur des siecles à venir, de démonstrer combien il est important à vn Prince de ne descendre iamais de son Trosne pour y laisser monter vn sujet, qui d'ordinaire ne se regarde plus quand il y est, que du lieu où il se trouue, & non pas du lieu d'où il vient.

Ie diray donc que si les Princes n'ont pas droit d'aliener aucune partie de leur Royaume, ny Prouince, ny Ville, ny Village, ils se peuuent encore moins aliener eux-mesmes à leurs peuples, qui est vn heritage sans prix s'ils sont bons. S'ils en vsent autrement, ils ne sont plus alors l'image de Dieu qui ne met point de Lieutenant en sa place pour le gouuernement du monde.

L'vnité de la Monarchie ne subsiste plus s'il y a deux personnes qui regnent. C'est vn monstre à deux testes, si l'vne ne retient seulement que l'ombre & le nom de Roy, & que l'autre soit en possession de la chose.

Le mariage d'vn Roy auec son Estat n'est pas moins sacré que celuy d'vn mary auec sa femme. L'vn & l'autre n'ont point de droit de les prostituer honteusement à leurs amis sans commettre vn sacrilege. Quand vn Prince esleue quelqu'vn outre mesure, il ne fait pas simplement vne injure publique à tous ses sujets, mais il en attire aussi l'indignation, qui sera d'autant plus grande, si le merite manque à son fauory. Mais certes il ne porte pas loin la peine de son peché, en ce que toute la gloire du maistre s'abysme en celle de son seruiteur, qui vsurpe l'honneur de tout le bien qui se fait, & laisse en partage à son maistre la honte de tous les mauuais euenemens.

L'art & la prudence des gens de la Cour, est de se tourner toûjours du costé que la fortune reluit. Ils ne s'opposent point à l'abjection de celuy qui se la procure luy-mesme; ils ayment beau-

DE LA POLITIQVE. 385
coup mieux eſtre reueſtus par celuy qui deſpoüille le Prince, que
d'eſtre deſpoüillez auec luy.

La grandeur qui ſe forme du
débris de celle du maiſtre, vient
quelquefois à vne ſi haute eſleua-
tion, que celuy qui l'a faite ne la
regarde plus qu'auec crainte &
eſtonnement, preuoyant le danger qu'il y auroit de la vouloir
abaiſſer. Comment y pourroit-il
remedier, veu que ſa liberté meſme ne demeure plus en ſa puiſſance? Tous ceux qui s'approchent de luy ſont autant d'eſprits
achetez de ſes propres deniers,
payez pour l'obſeder & voir ce
qu'il fait, ce qu'il dit, à qui il
ſoûrit, à qui il compatit, ou qui
compatit auec luy, & s'il n'a point
de confidence auec quelqu'vn?
C c

Bref on obserue tout en luy contre lui, iusques à vn seul clin d'œil, & aux rides mesmes de son front. Toutes ces precautions sont autant de moyens que cherche vn debiteur ingrat & insoluable, pour se mettre en seureté contre vn creancier auquel il doit tout, qui ne possede plus ny fortune ny vie que sous le bon plaisir de celuy en faueur duquel il s'est si inconsiderément despoüillé. Finalement les exemples de Sejan sous Tibere; de Stilicon sous Honorius; de Ruffin sous Arcadius; & de Plautian sous Carracalle, nous ont fait voir le danger qu'il y a d'agrandir vn fauory auec tant d'excés.

Le Theriaque, qui est composé de drogues mordicantes &

aspres, a toûjours en soy quelque chose qui desplaist à l'odeur & au goust. Cettuy-cy que ie prepare en faueur des Princes, contre leur aueuglé abandonnement entre les mains de leurs Ministres ou de leurs Fauoris, tout salutaire qu'il est, peut bien auoir en soy quelque amertume; mais ie l'ay adoucie autant que j'ay pû pour leur en oster le dégoust.

CHAPITRE XXI.

DES QVALITEZ QVE DOIVENT auoir ceux qui sont du Conseil des Roys ; & qu'elles doiuent estre conformes à celles de l'esprit du Prince.

J'Ay tiré la plus grande partie de tous ces raisonnemens politiques des Liures de Moyse, comme de celui seul lequel ayant esté veritablement inspiré de Dieu, n'a iamais eu d'égal pour la conduite d'vn peuple. Mais quelque capacité qu'il ait euë pour cét effet, nous le voyons toutefois se plaindre souuent, de ce qu'il a esté commis à supporter seul la pesanteur d'vn si grand fardeau ; tesmoin ce qu'il dit à Dieu aux Nombres, chap. xj. Pourquoy m'as-tu tant affligé, moy qui suis ton seruiteur,

uiteur, que de t'eftre deſchargé fur moy ſeul du poids entier de toute cette populace; l'ay-je conceuë & engendrée, pour me dire porte-là dans ton ſein comme ſi tu eſtois ſa nourrice? Fay mieux, Seigneur, oſte-moy la vie, ce me ſera vne grace pour me deliurer de tous ces maux.

Ie ne voy point dans tous les Auteurs profanes qui ont traité de cette matiere, qu'il y ait rien qui repreſente mieux l'extréme difficulté qu'il y a de bien gouuerner vn Eſtat, eſtant ſeul, que ce paſſage de l'Eſcriture, & qui dans la ſuite nous enſeigne mieux ce qui ſe doit faire pour y remedier.

Pour ſoulager ce ſage Conducteur, Dieu luy commande d'aſ-

sembler les Septante, qui estoient les plus anciens du peuple, & de se trouuer auec eux à la porte du Tabernacle d'Alliance. Alors le Seigneur, dit l'Escriture, descendit au milieu d'eux dans vne nuë, pour monstrer la necessité du secret & de l'assistance Diuine dans vn Conseil d'Estat ; & qu'en parlant à Moyse il prit vne partie de l'esprit qui estoit en luy, & le separa entre les Septante. Elle ne dit pas que le Seigneur ait inspiré aux Septante la capacité de bien gouuerner, mais qu'il prit de l'esprit de Moyse pour le mettre sur les Septante qui deuoient estre de son Conseil, pour nous faire voir le rapport qu'il doit y auoir du Sous-commandant au Commandant ; & que toutes les rouës
qui

qui feruent à faire mouuoir vn Eftat, doiuent auoir vn mouuement qui foit concentrique auec celuy de la maiftreffe rouë, & faire vne reuolution qui foit conforme à la fienne.

L'Efcriture dit de plus dans ce mefme chapitre, que quand le Seigneur eut pris de l'efprit qui eftoit en Moyfe pour le refpandre fur les Septante, & qu'il eut repofé fur eux, ils eurent le don de prophetie, qui ne les quitta jamais depuis. Comme fi ceux qui font admis aux Confeils d'enhaut deuoient, y eftant appellez, auoir part aux graces de l'Onction facrée des Roys, qui font les Oincts du Seigneur. En effet, ceux qui font employez dans les negociations importantes, & dans les grands emplois, n'acquierent pas seulement la capacité de juger des choses presentes par les passées, mais ils peuuent encore, par vne longue experience, descouurir quel sera leur progrés vers l'auenir; qui est vn moyen infaillible pour preuenir & pour euiter en sa saison toutes sortes de bons & de mauuais euenemens. Cette intelligence de juger du present par le passé, & de l'auenir par le present, est vne espece de prophetie parmy le peuple, qui n'examine pas les choses de si loin.

Il y a encore vne autre chose en ce chapitre qui est tres-digne de remarque; à sçauoir, que ce mesme esprit de Moyse, qui fut mis sur les Septante, reposa sur Esdat & Medat, qui estoient de ce nombre, & qu'ils prophetiferent, quoy qu'ils ne fe fuffent point trouuez à la porte du Tabarnacle, eftant demeurez au camp pour y commander. Ce qui nous fait connoiftre que tous ceux qui fe tiennent au lieu où leur deuoir les oblige d'eftre, font efgalement fufceptibles des graces du Seigneur, comme s'ils eftoient à la porte du Sanctuaire, lieu qui fut affigné aux Septante pour les receuoir.

Cette Hiftoire fainte nous fait voir en la perfonne de Moyfe, qui eft le modele d'vn Souuerain, qu'il ne fuffit pas à vn Prince d'auoir l'efprit de bien gouuerner, fi ce mefme efprit n'eft refpandu fur tous ceux de fon Confeil, qui nous font reprefentez par les Septante. Car comme il eft l'image de Dieu

Dd ij

dans son Estat, & qu'il ne peut pas estre par tout comme luy de presence, il est necessaire au moins qu'il y soit par representation, jusques à ses moindres officiers; & que comme il est fait à la ressemblance de Dieu, qu'ils soient faits aussi à la ressemblance de leur Prince.

En effet, si j'ay vn bon Roy, & qu'il me donne vn Lieutenant, ou vn Magistrat, pour tenir sa place, qui ne le soit pas, comment pourray-je en sa personne reconnoistre & respecter vn portrait qui sera si dissemblable à son original? Il est aussi peu permis en la police humaine de prendre en vain le nom de son Prince, qu'en la diuine le nom de son Dieu. C'est vn mediocre soulagement à vn peuple que son Prince soit vigilant, laborieux & juste, si son subdelegué ne participe point au merite & à l'integrité de celuy duquel il occupe la place en son absence.

Quand ie considere toutes les bonnes qualitez qui estoient en Moyse, ie trouue qu'il n'y a jamais eu d'homme plus prudent que luy; Qu'il estoit incessamment occupé au seruice de son peuple; Qu'il appaisoit tous ses differends; Qu'il trauailloit à luy faire auoir toutes ses necessitez ; & qu'il estoit, dit l'Escriture au 12. chapitre des Nombres, le plus doux de tous les hommes qui demeuroient sur la terre. Ainsi il ne se faut point estonner si estant remply de toutes ces graces, Dieu voulut puiser de son esprit, comme d'vne source feconde, toutes ces mesmes graces pour les refpandre fur les Septante, afin qu'ils fuffent plus capables de le foulager d'vne peine qui luy eftoit infupportable, eftant feul.

Dans le dénombrement de toutes ces bonnes qualitez de Moyfe, où la Prudence eft en tefte, il eft certain que c'eft par elle que doit commencer la premiere digeftion des affaires, & qu'elle doit eftre le premier talent du Prince & de ceux du Confeil d'enhaut, qui font choifis de luy pour auoir part auec luy aux foins comme aux dignitez de l'Eftat.

Quelqu'vn a definy la Prudence vn art de bien conduire fa vie, qui eft vne chofe beaucoup plus difficile à vn Roy, ou à vn Miniftre, quand ils se proposent de viure d'vne vie mixte, dont vne partie soit à eux, & l'autre au public, qu'elle ne l'est à vn homme particulier, duquel toute la prudence roule sur le dessein qu'il a de passer heureusement vne vie priuée comme la sienne. Il n'en est pas ainsi de la prudence de ceux qui sont dans les grandes charges, qui ne peut estre parfaite, si elle n'a quelque vnion auec la sapience, qui consiste en la connoissance des choses humaines & diuines.

Quoy que cette vertu soit vn don du Ciel, si est-ce qu'elle se peut former en nous en quelque maniere par les preceptes des anciens Sages, dans le Conseil desquels, quoy qu'ils ne soient plus en vie, il suruit encore quelque esprit vital qui laisse en nos ames vne viue impression de soy. La connoissance de l'histoire aussi est vn grand acheminement à cette vertu diuine, laquelle en exposant au jour, d'vne seule veuë, tout le present & tout le passé, produit en celuy qui la sçait vne faculté de bien conjecturer de l'auenir, qui donne beaucoup de creance dans les affaires à celuy qui se l'est acquise.

Toutes les autres vertus, hors la Prudence, ne sont vtiles qu'à celuy qui les possede. Il n'y a qu'elle seule qui le soit à tous: aux vns en leur conseillant ce qu'il faut qu'ils fassent; & aux autres en leur commandant. Ainsi elle supplée par son conseil & par son ordre à la prudence d'autruy.

L'homme prudent est souuent en retraite en soy-mesme; il est secret, peu parlant, tardif à juger & à promettre, capable de faire le discernement des choses & des hommes, & de tout descouurir sans se descouurir qu'il n'en soit temps ; qualitez qui sont toutes essentielles, & d'vn grand vsage, aux personnes qui sont employées dans les charges publiques.

Le second talent de Moyse qui est le modele du Prince & de l'homme d'Estat, a esté de veiller incessamment & sans aucun relasche à la conduite de son peuple. L'assiduité que rend l'homme dans le train de vie qu'il meine, soit à bien ou à mal, ne procede que de la puissance de sa coustume, ou d'vne inclination de nature qui se plaift en ce qu'elle fait tous les jours. Nous voyons l'exemple de cela dans l'homme de crapule, qui ne fe laffe jamais de la defbauche du vin, ny le voluptueux de celle des femmes. S'ils veillent & que le corps ait vn peu de repos, leur efprit y demeure tousjours attaché. S'ils dorment ils y refuent. La mefme chofe fe voit parmy les efprits de chicane, qu'on ne peut arracher de deffus leurs paperaffes, tant ce diuertiffement leur plaift.

I'ay ouy fouuent les gens de peine & de journée, fe plaindre de la longueur & de la frequence des Feftes. Vn pareffeux ne s'ennuye jamais dans fa nonchalance. Cela eftant, il ne fe faut point eftonner fi les grands hommes d'Eftat, fous le foin defquels repofe le falut d'vn peuple entier, sont infatigables dans vn employ qui, quoy que penible, procure la felicité de tant de gens.

J'ay leu dans Eusebe de Nieremberg, de la Compagnie de IESVS, vne histoire qui merite d'estre mise icy. Il se trouue, dit-il, dans vn manuscrit tres-curieux qui fut enuoyé à Philippes II. par le Docteur Alonze Zonta, Auditeur dans la nouuelle Espagne, qu'en ce pays-là, apres l'élection de leur Roy, ils le tiennent enfermé vn an, & souuent deux, dans vn Temple, d'où il ne sort point que pour aller offrir quelquefois de l'encens aux Dieux. Il y fait de tres-austeres penitences, & ne se couche jamais que sur de la natte. Les quatre premiers jours qu'on l'y met, il ne dort point, ny ne se tient point assis qu'vn tres-petit espace de temps, ayant des gardes auprés de luy qui le resueillent, en luy picquant auec des poinçons, les cuisses & les bras s'il sommeilloit ; & en luy disant, éueille-toy Prince, on ne t'a pas mis en charge pour dormir, il faut que tu veilles en faueur de tes vassaux, & que tu ayes tousiours les yeux ouuerts pour leur conseruation. Cette histoire nous fait voir que tout homme de commandement, Prince, pere, ou Magistrat, doit veiller à la protection de ceux qui luy sont soûmis, & que ce luy est vn deuoir naturel de le faire, puisque ceux qui ne connoissent point d'autre loy que celle de nature, ont eu cette mesme creance.

DE LA POLITIQVE. 425
I'ay traité dans quelque chapitre precedent de la diligence de Moyſe pour appaiſer tous les differends que pouuoient auoir entr'eux les enfans d'Iſraël, & de quelles perſonnes il ſe ſeruit pour luy aider ; ie viens preſentement au ſoin qu'il eut de pouruoir & de ſubuenir à toutes leurs neceſſitez.

Apres leur ſortie d'Egypte, au premier logement qu'ils firent dans le deſert, il oſta l'amertume des eaux de Mara, afin qu'ils en puſſent boire. La manne & les cailles leur furent données à ſa priere l'eſpace de quarante ans, pour leur pain de munition. Il fit ſortir abondamment des eaux d'vn rocher pour eſtancher leur ſoif & pour abreuuer leur beſtail, il desarma souuent la main de Dieu contre eux. Il leur donna la loy morale, la ciuile & la ceremoniale pour les maintenir en paix ensemble & auec Dieu. Enfin rien ne leur manqua sous sa conduite.

Son principal soin fut celuy des viures, parce qu'il n'y a rien qui fasse plus de bruit, ny qui soit plus seditieux qu'vn ventre affamé. Ce fut pourquoy ce Romain qui fut deputé du Senat pour faire venir des bleds de Sicile, fit cette belle response à ses amis, qui le vouloient empescher de passer, parce que le vent estoit contraire, & la mer fort agitée : *Necesse est vt eam, non vt viuam*, il est necessaire que j'aille & non pas que ie viue.

Dans les Commentaires de Cefar, ces deux mots de *Commeatus* & de *Frumentatum*, font fi fouuent repetez qu'il paroift bien qu'il eftoit impoffible de fubfifter fans l'vfage de ce que fignifient ces deux mots-là. Nous voyons encore parmy nous cette année quelle a efté cette neceffité, à laquelle fi la vigilance du Roy n'euft pourueu en faifant venir des bleds de tous coftez, & en les donnant à vil prix, en joignant à fon autorité celle des Parlements pour taxer les riches, & fi le Clergé & quelques Illuftres ne fe fuffent taxez eux-mefmes volontairement pour la fubuention des pauures, toute la France ne feroit prefentement qu'vn defert.

L'Efcriture remarque encore

que Moyse estoit le plus doux de tous les viuans, *mitissimus super omnes homines qui morabantur in terra*, aux Nombres 12. qualité plus necessaire à ceux qui sont du conseil du Prince qu'au Prince mesme, parce qu'vn chacun ayant accoustumé de se faire accroire que l'injure qu'on a receuë est plus grande qu'elle ne l'est en effet, on mesure sa vengeance selon l'opinion qu'on a de la grandeur de son affront. C'est pourquoy les Roys qui sont naturellement plus emportez que les autres hommes, doiuent remettre le jugement de leur satisfaction à leur Conseil, ne pouuant non plus que les personnes priuées, estre juges en leur propre cause.

La mansuetude est d'vn tresgrand

grand vsage dans la vie ciuile, en ce qu'elle est opposée à la colere, qui est de toutes nos passions, celle qui offense plus la raison en deux manieres. L'vne en ce qu'elle ne luy donne pas le loisir de l'escouter, faisant comme vn seruiteur impatient, qui part à la premiere parole de son maistre, sans luy donner le temps de se faire entendre, ou comme vn chien de garde qui abaye au premier bruit, sans sçauoir si c'est son maistre, ou vn larron qui le fait. L'autre offense que la colere fait à la raison, est de la troubler; & alors elle n'a plus la mesme clarté, ny la mesme suffisance qu'elle auoit auparauant, jusques à ce qu'elle se soit remise en sa premiere assiette.

Dans l'emportement de la colere, noſtre raiſon eſt bleſſée auant que noſtre ennemy le ſoit; de ſorte que ſi la manſuetude n'interuient entre cette agitation de l'ame, & l'appetit de vengeance qui eſt en nous, il eſt preſque impoſſible que noſtre jugement ne ſe trouble dans la concurrence de deux ennemis ſi puiſſans, deſquels nous ſommes combattus.

Il n'y a rien qui repreſente mieux l'immenſité de Dieu que ſa douceur & ſa debonnaireté, qui eſt en luy ſans meſure. C'eſt en cela que les Roys, & ceux qui ſont de leur Conſeil, le doiuent le plus imiter. Il faut qu'ils ſe perſuadent qu'ils ſont naiſ pour le bien & pour le ſalut de tous ceux qui leur ſont ſoûmis: Que leurs mains ne doi-

DE LA POLITIQVE. 431
uent jamais rougir que du sang de ceux que l'interest public requiert qu'il soit respandu: Et qu'ils inclinent toûjours vers la misericorde autant que la necessité des loix le permet.

Les Prestres de la ville d'Hielopolis ne presenterent simplement que du miel sur l'autel du Soleil, qui estoit la Diuinité qu'ils adoroient, sans luy faire jamais aucun sacrifice sanglant ; estimant que ce seroit vn sacrilege d'immoler quelque animal que ce fust à vne puissance d'où dériue vne source de vie à tout ce qui est de viuant en la nature.

Ie pense auoir representé toutes les bonnes qualitez que doiuent auoir ceux qui sont appellez dans le Conseil des Roys, qui sont les
E e ij

mesmes qui estoient en Moyse, & qui furent prises de son esprit de la main de Dieu pour estre mises sur les Septante, qui composerent alors son Conseil. Tels ont esté cy-deuant, ce me semble, Messieurs de Sully, de Villeroy, de Sillery, de Marillac, Bignon, le President Ieannin, & les premiers Presidens du Harley, Molé, & de Bellieure, desquels j'ay eu quelque connoissance. Ie me tais icy des viuans, de peur de déplaire à leur modestie. S'ils se gouuernent bien ou mal, leur conscience, sans que ie m'en mesle, leur en peut dire tout bas vn petit mot à l'aureille. I'ay assez parlé de ceux dont nous auons veu l'autorité si absoluë, qu'elle a esté plustost vn regne qu'vn ministere.

Chapitre XXII.

DES FINANCES, ET DES moyens les plus vtiles pour chaftier les Partifans, & les gens d'affaires, qui ne font que les leur, par la loy de la cenfure.

DANS le fixiefme chapitre j'ay fait voir comme fe fit la multiplication des familles, & la neceffité où elles fe trouuerent de fe reduire fous quelque forme de gouuernement, leur eftant du tout impoffible de viure toutes enfemble tumultuairement & fans ordre, & fans occuper auffi plus de terrein qu'ils n'auoient. Ce qui leur fut aifé à faire, puifque les autres hommes, qui eftoient encore épars çà & là confufément, ne pouuoient rien contefter à vn corps compofé defia de plufieurs parties

Ee iij

si bien jointes, qu'il n'y en auoit pas vne seule, qui sous l'autorité du commandant & de la loy, ne conspirast au bien commun du total.

Ie suppose donc que cette multitude errante de peuple s'estant saisie, sans resistance, de tout autant de terre qu'elle voulut, on fit vn dénombrement de toutes les familles qu'elle contenoit, & qu'on donna à chaque famille en son particulier vne portion de terre vn peu plus grande qu'il ne fallut pour sa subsistance, à condition de payer vn certain droit annuel dans le tresor public, qui ayderoit à l'entretenement de la maison Royale, des gens de guerre, & de ceux qui feroient le Seruice diuin, qui tous ne trauaillent point de leurs mains, & que le sur-

DE LA POLITIQVE. 435

plus du terrein qu'on auoit occupé demeura sous la main du Prince, pour luy seruir de domaine & de supplément aux autres necessitez de l'Estat.

Ce tribut imposé sur chaque famille, fut au respect du Prince vn hommage & vne redeuance renduë à sa protection ; au respect des gens de guerre vne reconnoissance de la defense qu'on tiroit d'eux ; & au respect du Sacerdoce vne oblation faite à Dieu en la personne de celuy qui l'exerçoit.

Cette diuision de terre, & ce deuoir annuel, payable sur la portion dont chaque famille estoit en possession, a quelque rapport à ces mots de Cassiodore, en son Epistre 52. l. 2. *Orbis Romanus agris diuisus, censuque descriptus est, vt possessio*

E e iiij

sua nulli haberetur incerta, quam pro tributorum susceperat quantitate soluenda. Elle a aussi quelque chose de mieux reiglé que celle qui se trouue dans Denis d'Alicarnas, domestique de Varron, le plus grand Antiquaire des Romains, qui dit que Romulus diuisa tout le territoire de Rome en trois parties, dont la premiere fut reseruée pour les particuliers habitans; la seconde pour le Sacerdoce; & la troisiesme pour le domaine de la Republique. Ce qui n'est point du tout vray-semblable, attendu que le corps de ce nouuel Estat n'estant composé que d'vne poignée de pasteurs & de bandis joints ensemble, leur aumosnier eust esté trop bien payé, & qu'ils n'eussent pû, n'ayant point en-

DE LA POLITIQVE. 437
core d'efclaues, mettre en valeur les deux parties affignées au Sacerdoce & à la Republique; chaque particulier eftant affez occupé au labourage des deux arpens de terre qui leur furent affignez.

Diodore le Sicilien dit que cette diuifion de Romulus fe fit à l'imitation de celle des Egyptiens, qui diuiferent anciennement tout le reuenu d'Egypte en trois parties: La premiere eftoit pour les facrifices & les Sacrificateurs; La feconde pour entretenir la maifon du Roy, & fubuenir aux neceffitez publiques; Et la troifiefme, pour le payement des Califines, qui eftoient gens de guerre tousjours fur pied; comme fi toutes les autres conditions du peuple d'Egypte, fçauoir de gens de Iuftice, de laboureurs, d'artisans, & de gens de peine & de trafic, n'eussent deu auoir en partage dans l'Estat, que le soin de porter à l'Espargne tout le reuenu de leur industrie & de leur trauail. Chose si ridicule en soy, que ie me suis souuent estonné comme il se peut faire que des gens qui ont le sens commun quand ils alleguent quelque antiquaille pour fortifier ce qu'ils disent, auant que de se mettre à la queuë des autres, n'examinent vn peu mieux qu'ils ne font, si la chose alleguée peut auoir quelque apparence de verité, de peur d'autoriser quelque erreur nouuelle par vne autre qui est encore plus vieille.

Quoy qu'il en soit, il est constant que le domaine reserué pour la subsistance de la maison Royale, & la subuention des autres necessitez publiques, a esté le premier fond de leurs finances, & qu'en cette consideration il est tellement hypotequé à l'Estat, qu'en quelque forme de gouuernement que ce soit, nous ne trouuons point qu'il se puisse aliener à perpetuité, mais simplement engager pour vn temps, quand la necessité le requiert. A vray dire, les Roys en sont plustost les vsagers que les vsufruitiers, tant il est affecté au public. Les gens d'affaires disent que cette sorte de bien a esté si mal mesnagé, & aliené à si vil prix, que si le Roy le vouloit desengager, & le remettre sous sa main, il y auroit vn profit à faire qui seroit tres-considerable. I'en laisse la discussion aux gens du mestier.

Le second & le plus asseuré fond aux finances, est le labourage de la terre. La fertilité de celle d'Egypte, & la commodité de transporter les biens qu'elle produit par le Nil, & ses sept emboucheures dans la mer, font encore, & ont toûjours fait ses minieres d'or. Les bleds qui en sortent nourrissent la plus grande partie du monde; nostre Europe mesme s'en ressent, quoy qu'elle en soit la plus esloignée. Ainsi ie trouue en quelque sorte excusable les folles & anciennes superstitions de ce peuple infidelle en l'honneur de leur Dieu Apis, sous la forme d'vn bœuf, duquel ils pensoient tenir toute la richesse qu'ils auoient.

Dans cette Monarchie l'vtilité qui procede de la culture des champs fait noſtre plus grand reuenu. Nos bleds & nos vins ſont nos Indes & noſtre Perou; de là ſe tire le meilleur fond de noſtre Eſpargne. C'eſt pourquoy de tous les ſujets du Roy, il n'y en a point qui meritent mieux ſa protection que les laboureurs, qui nourriſſent les autres qui ne trauaillent point à la terre, de quelque condition qu'ils ſoient; neantmoins nous voyons que ce ſont ceux-là qui ſont le plus expoſez à la pillerie de nos ſangſuës publiques, qui ne leur laiſſent ny bœuf ny beſtail, ny aucun vſtancile qui puiſſe ſeruir à leur meſtier, ny meſme rien dequoy viure; choſe expreſſément defenduë par les Ordonnances de nos Roys, que j'ay veu souuent violer; & plus expressément encore par celle de Dieu, qui sous la defense qu'il te fait de ne museler point la bouche du bœuf qui trauaille, & qui fait sortir ton bled de son espic en le foulant, te commande figuratiuement de laisser au laboureur dequoy viure, *Non alligabis os bouis triturantis.*

Outre ces deux moyens du domaine & des fruits qui procedent de la culture de la terre pour faire fond aux finances, il y en a vn troisiesme tres-considerable, qui est le droit qui se prend sur les marchands qui apportent ou emportent les marchandises; droit juste & necessaire en tout Estat, pourueu que la taxe de cét impost qui se leue, soit assez moderée pour ne ruïner pas le commerce.

Ie ne parle point d'vne infinité de moyens pour mettre de l'argent dans les coffres du Roy, qu'on appelle casuels & extraordinaires, dont ie ne sçay pas le nom, Dieu mercy. Ie diray simplement que le peuple est si soûmis, qu'il feroit tout ce qui luy seroit possible pour les payer au Roy, s'il n'auoit point ce desplaisir de voir que la meilleure partie en demeure entre les mains rauissantes de son exacteur.

Il est certain qu'il n'y a rien de plus juste, ny d'vne plus grande necessité dans vn Estat, que de payer les droits qui sont deus au Roy. Le fond de son autorité consiste en partie en celuy de son Espargne. S'il est pauure, il est impuissant de proteger ny les siens, ny ses alliez; il est decredité parmy ses voisins. Si le fond de son Espargne est bien remply, il deuient le maistre du commerce, l'arbitre entre les Princes ses voisins; & la guerre ou la paix auec eux, ou entr'eux ne dépend que de luy. J'entends si le Prince est tel qu'il doit estre; s'il n'auoit que de l'argent sans merite, auec toutes ses richesses il seroit toûjours vn pauure Prince.

Les Roys ont tant de resources pour auoir de l'argent, qu'ils ne peuuent jamais estre pauures, pourueu qu'ils ne permettent point qu'on fasse de mendians en leur Royaume. Leurs sujets sont les racines qui nourrissent le corps de l'arbre de la Monarchie, desquelles

DE LA POLITIQVE. 445
quelles on ne peut épuiser toute la substance, que le tronc ne se desseiche tout aussi-tost.

Les subsides qui se leuent sur eux doiuent estre comme ces vapeurs onctueuses & laitées, qui montent doucement de la terre en l'air, où se font ses menuës pluyes qui entretiennent sa fecondité.

Ceux qui se leuent par force, & auec vne violente exaction, ressemblent, à ces exhalaisons nitreuses & acres, qui forment les bourrasques & les tempestes, qui desertent souuent le lieu mesme d'où elles se sont esleuées.

C'est pourquoy les Roys doiuent estre merueilleusement soigneux au choix de ceux ausquels ils donnent la sur-intendance de leurs Finances, & les prendre si

F f

des-interessez, qu'ils n'ayent pas seulement les mains nettes, mais que ceux qui trauaillent sous eux les ayent aussi bien qu'eux; parce qu'ils sont en quelque maniere coupables deuant Dieu de toutes les concussions qui se font sous leur nom.

L'inuentaire seul des grandes richesses que laissent en mourant ces sangsuës publiques, & qui ont l'insolence de les compter par millions comme les comptent les Souuerains, est vne preuue assez conuainquante du mauuais vsage qu'ils en ont fait.

L'establissement de la Chambre de Iustice ne s'est fait que pour la recherche de toutes les volleries faites dans l'Estat par les gens de finances & de party. Leur embonpoint, & celuy de leurs infames satelites, ne s'est pû faire que de la substance des sujets du Roy, de toutes sortes de conditions, qu'ils ont espuisée jusques à la derniere goutte.

Ils ont commencé par le menu peuple, qui est le plus indeffendu, qu'ils ont reduit à vne telle mendicité, que ce seroit vne grace à la meilleure partie d'entr'eux d'estre en prison, si pour y viure on leur vouloit accorder le pain du Roy. Ils n'ont pas mesme laissé la liberté aux riuerains de la mer d'en pouuoir prendre impunément de l'eau pour saler leur pot. Enfin la cruauté qu'ils ont exercée contre le peuple, en faisant vendre à vil prix leurs meubles & leur fond, dont ils ont souuent esté les adjudicataires, l'a rendu infoluable, & caufé la plus grande partie des non-valeurs.

Les aifez, les marchands, les Communautez, & les gens de Iuftice, à la referue des Cours fouueraines, n'ont pas efté moins expofez que les pauures à la pillerie de ces brigands, foit par emprunts, par taxes, ou par fupplémens, dont il n'eft pas reuenu le dixiefme denier dans les coffres du Roy.

Ces peftes publiques, efgalement pernicieufes aux petits comme aux perfonnes de mediocre condition, ont fappé le fondement des maifons des Grands, lefquels ayant voulu non feulement imiter le luxe qu'ils ont introduit dans l'Eftat par leurs profufions

& folles defpenfes, mais le furpaffer felon le rang qu'ils y tiennent au deffus d'eux, fe font trouuez infenfiblement chargez de fi grandes debtes, que les vns pour s'acquiter, & les autres pour le continuer, ont efté contraints d'expofer en vente leurs Charges, leurs Marquifats, leurs Comtez & leurs Duchez à ceux qui tiennent la bourfe, qui meriteroient mieux d'eftre à la chaifne, que d'eftre leurs fucceffeurs. Cela eft caufe que la plus grande partie des hoftels des Princes, & des perfonnes de la plus haute qualité, ont efté vendus à des gens de finances & d'affaires; & qu'en changeant de maiftre, ils ont fi bien changé de nom & de liurées, qu'il ne leur reste plus aucun vestige de leur ancienne noblesse.

S'il plaist à Dieu ce regne de fer s'en va passé ; nostre Roy, qui prend connoissance de tout ce qui se passe en son Estat, est si bon, qu'il sçait bien que la vie & le mauuais traitement du plus abject des siens est quelque chose de grand deuant Dieu. Que ses sujets sont ses membres, ausquels on ne peut faire d'outrage sans l'offenser. On n'a pas mesme accoustumé de retrancher ceux qui sont pourris, & hors de toute esperance de guerison, sans y appeller le Medecin. Le Medecin & le Chirurgien du meschant est la Iustice. Nous voyons maintenant qu'elle regne pour punir cette gent peruerse & execrable, qui a fait perir de misere & de faim tant de gens, desquels il reste encore apres eux quelque chose d'eux qui suruit & qui crie aujourd'huy vengeance contre eux en la Chambre de Iustice.

Pour remedier aux maux de cette nature, le meilleur & le plus prompt expedient de tous, seroit de se seruir de la loy de la censure, que le Iurisconsulte Festus definit par l'estimation des biens d'vn chacun. Plutarque en la vie de Caton, l'appelle vne loy tres-puissante, & tres-sacrée. Les Grecs s'en seruirent les premiers ; les Romains en suite sous le Roy Seruius, dont la memoire fut depuis si respectée parmy eux pour l'auoir introduite, qu'apres auoir chassé leurs Roys, & annullé, en haine d'eux, toutes leurs Ordonnances, la censure, qui estoit de son institution, demeura comme vne chose tres-salutaire à la republique, & sa fonction fut transferée en la personne des Consuls. Depuis elle fut erigée en tiltre d'office, qu'on exerçoit alternatiuement, & y fut conseruée auec tant d'vtilité, que depuis qu'elle fut delaissée du tout sous l'Empereur Decius, qui nomma le dernier censeur, l'Empire ne fit plus que decliner.

On pourroit donc suiuant cette sainte & sacrée loy, faire vne recherche tres-exacte de tous les biens, meubles, immeubles & effets de toutes les personnes qui ont mis la main dans les Finances du Roy, & voir aussi quelles ont esté toutes les profusions qu'ils ont faites en despense de bouche, de bastimens & autres folies, & en dresser par ordre vn bon inuentaire.

On pourroit aussi faire la mesme recherche de tous les biens que possedent vne infinité de petits voleurs prouinciaux, emissaires des grands, qui sous leur nom ont fait mille vexations indeuës, non seulement contre le menu peuple, mais contre toutes sortes de conditions, gentils-hommes & autres, lesquels ont mieux aymé ceder beaucoup de choses qu'ils ont exigé d'eux injustement, que de faire vne nouuelle dépense en se pouruoyant ailleurs. Ainsi chaque Prouince du Royaume a esté mise en proye, à vn exain de petits brigandeaux, qui de moufcherons qu'ils eſtoient, font deuenus en peu de temps de groſſes & importunes guefpes à toutes fortes de gens.

Ces deux inuentaires faits de tout ce que poſſedent maintenant ces grands & ces petits voleurs, il en faudroit faire deux autres de tout ce qu'ils poſſedoient auant que d'entrer dans les affaires. Et alors dans la confrontation de ces deux fortes d'inuentaires, qui font autant de teſmoins viuans, parlans & fans reproche, on pourroit fans autre formalité de Iuſtice, par la loy de la cenſure fainte & ſacrée, laiſſer aux gens d'affaires l'ancienne poſſeſſion de leur bien, & remettre auec Iuſtice, entre les mains du Roy, tout ce qui fe

DE LA POLITIQVE. 455
trouueroit luy auoir esté vollé.

Cét examen de qu'as-tu? Qu'auois-tu? & où pris? s'est commencé contre les grands voleurs en la Chambre de Iustice. Ie ne croy pas qu'on ait encore trauaillé à celuy des voleurs prouinciaux. Pour le bien faire, il me semble qu'on y deuroit employer trois hommes choisis en chaque Prouince, l'vn du Corps de la Noblesse; l'autre de la Iustice, & l'autre qui fust d'vne integrité exemplaire & reconnuë d'entre les Bourgeois.

Ainsi le Roy y trouueroit pleinement son compte, & sans qu'il y eust vne seule goutte de sang répandu, on feroit sentir à ces gens-là qu'ils ne sont que poussiere, & qu'il leur faut retourner en poudre. Nous les verrions alors sortir hors de leurs palais dorez, & regagner le galetas, & sous leurs anciens haillons, auec vn peu de pain & de fourmage, suruiure en leur misere à l'insolence & à l'orgueil de leur prosperité passée. Spectacle tres-agreable à voir à toutes sortes de conditions, & qui attireroit sur le Roy mille benedictions, outre qu'il seruiroit d'vne leçon tres-salutaire à tous ceux qui manient, ou qui manieront à l'auenir les deniers de son Espargne.

CHAPITRE XXIII.

QVE LE PRINCE ET LE SVIET ne peuuent estre heureux, s'ils ne iouissent auec la paix de l'Estat, de celle de leur conscience.

JE finiray ces Elemens Politiques par la derniere partie de ma definition, qui porte que toute societé doit auoir pour sa fin principale le bien & l'vtilité commune des associez. Le Prince & le sujet le sont par la loy des reciproques. C'est pourquoy ils doiuent esgalement jouir du benefice de cette fin, selon la difference de leurs conditions. L'vn ne peut estre heureux, que l'autre ne le doiue estre aussi. Quoy qu'en puissent dire les Philosophes, il me semble que la paix est le souuerain bien de l'homme. Elle fut annoncée aux pasteurs par l'Ange à la naissance de Iesvs-Christ, & par luy-mesme à ses Apostres, quand il s'apparut à eux apres sa mort. Dieu termina ce grand ouurage du monde par le Sabath, qui est le jour de paix & de repos.

La guerre, qui est son contraire, est vn fleau de Dieu, qui attire apres soy tous les autres fleaux ; & la paix vn Seminaire de toutes sortes de biens. Quand on en est en possession on la doit tres-soigneusement conseruer. La gloire du Prince a plus d'esclat dans le calme que dans la tempeste. Vn ciel serein & clair est plus agreable à voir que quand il est chargé de nuages. L'esprit tranquille du Prince qui est desarmé, ressemble à vn beau jour qui soûrit aux hom-

DE LA POLITIQVE. 459
mes & à la nature. La grandeur de sa majesté ne consiste pas en la lueur de ses armes, ny au bruit que font ses canons, ny à deserter par le fer, le sang, & le feu tous les lieux où il passe; Elle est beaucoup plus en son lustre, si comme vn astre benin elle remplit de bonnes influences tout ce qu'elle irradie.

Quand vn Prince se trouue en paix en ses Estats; qu'il y est craint & respecté des siens, & de ses voisins; & assez puissant pour se faire l'arbitre de tous leurs differends, il regne sur eux en quelque façon sans estre leur Roy. Si auant que de commencer vne guerre, il se representoit combien de maux il faut qu'il fasse, & qu'il souffre, il est certain que les armes luy tom-

beroient des mains. Premierement il ne peut éuiter qu'il ne s'expose & les siens, à mille dangereux euenemens, dont celuy du combat est le moindre. Que tout le reuenu de son Estat ne soit mis à l'ancan, & que son peuple, pour subuenir aux frais de la guerre, ne soit surchargé d'imposts, qui sont si grands, que miserable alors est le berger qui a plus de peine à contenter les Dieux tutelaires de son troupeau, que les loups mesmes. Enfin apres auoir remué terre & mer; passé d'vn moindre peril à vn plus grand; esprouué le sort des armes, qui est incertain & journalier, nous voyons toûjours que toute victoire irrite plustost l'appetit du vangeur qu'elle ne le rassasie, & que
dans

dans le progrez d'vne guerre continuë, le vaincu attire souuent dessus sa propre ruïne celle de son vainqueur, si espuisé de sang, de forces & d'argent, qu'il se trouue plus proche de son tombeau que de son triomphe.

Peu s'en est fallu que nous n'ayons veu l'experience de ce que ie dis aux guerres passées, & particulierement en la rupture qui se fit en trente-cinq entre les deux Couronnes de France & d'Espagne, qui a duré si long-temps, que quoy que le bon fust de nostre costé, elles ont esté sur le point de s'entre-briser toutes deux, si la prudence & la vigueur de la Reyne Mere n'eust fait adroitement le hola, en mesnageant l'entreueuë des deux Roys, &

vne nouuelle alliance entr'eux.

Vn pere de famille doux & paisible vit tranquillement dans sa maison. Vn broüillon y laisse plus d'affaires & de trouble que de bien. Qui feroit vne juste estimation de ce que coustent ordinairement les conquestes, elles ne trouueroient point de marchand qui en voulust à si haut prix. Tout conquerant, quoy qu'il fasse, aura des voisins malgré luy; la nature ne permettant point qu'il y ait vn progrez à l'infiny. Qu'on ne me dise point qu'il n'y a que les armes qui puissent faire connoistre la valeur d'vn homme: sans cette espreuue, vn chacun peut estre le juge de la bonté de son cœur; celuy qui hors de l'occasion ressent en soy-mesme de l'auoir bon, le trouuera meilleur encore dans le peril. S'il m'estoit permis d'alleguer vn mauuais auteur, ie dirois que souuent le mien s'est trouué plus ferme dans le besoin que ie n'eusse osé me le promettre.

La Paix donc de par Dieu, la Paix. Philippes II. Roy d'Espagne estant assis en son cabinet, pourueut plus glorieusement à la grandeur & à la seureté de ses Estats, que s'il eust eu le cul sur la selle. Auguste, le plus sage politique qui ait jamais esté, donna tout autant d'estenduë qu'il voulut à l'Empire Romain, estant desarmé. L'art de bien & paisiblement gouuerner vn Estat, est d'vne plus grande peine que celuy de vaincre ses ennemis, & par consequent plus glorieux. L'vn est vn coup de fortune,

& l'autre vn coup de maiſtre. La guerre n'a point la guerre pour ſa fin, non plus que le mouuement le mouuement pour la ſienne; l'vn a la paix, & l'autre le repos pour ſa fin.

Les ſeignées que ſouffre vn Eſtat, & les pillules ameres qu'il luy faut aualer durant vne guerre continuë, le vuident & l'affoibliſſent ſi fort, que quand elle ceſſe, il ne trouue point de paix dans la paix. Semblable à ces infirmes attenuez d'vne longue maladie, auſquels la langueur qui leur reſte, apres que la fiévre eſt paſſée, ne permet pas de joüir de la ſanté qu'ils ont recouuerte. Vn vaiſſeau battu d'vne longue tourmente, roule plus, & ſouffre vne plus forte agitation quand le vent ceſſe, que durant la tempeste mesme, jusques à ce que la mer se soit remise en son lict. C'est pourquoy quand vn Estat est valetudinaire, le Prince, qui est le plus interessé à son salut, doit ordonner luy-mesme du regime qui luy sera le meilleur pour le restablir, & mesurer la doze de ses charges à ses forces, sans le trop, ou le trop peu soulager.

Vn Prince ne peut estre heureux si tous ses sujets ne participent à son bon-heur ; il ne sera jamais grand s'il se propose de l'estre seul, & s'il ne tient tousjours auprés de luy des personnes de condition, de commandement & de merite, qui fassent vne partie des fleurons de sa Couronne. Leur pourpre luy est necessaire pour luy faire honneur, comme à la rose les feüilles qui l'enuironnent. Il faut aussi que son peuple ne soit pas miserable, & qu'il se ressente vn peu de l'essence & de la felicité de son Prince. Vn riche chapiteau perd beaucoup de son ornement & de sa grace sous vn pauure pied-d'estail. La majesté d'vn grand Prince est tres-auilie, si la meilleure partie de ceux qui luy obeïssent n'est composée que de miserables. Vn bon pere de famille souffre à peine que le moindre de ceux qui le seruent ne soit reuestu que de haillons.

Comme c'est vn grand sujet de contentement à vn Prince quand il void de la joye par tout où il est; que les champs fourmillent de peuple; que la Iustice regne auec luy ; & qu'en quelque lieu qu'il soit il ne rencontre point de visages qui soient capables de luy faire ny peur ny pitié. Ce luy est aussi vn grand sujet d'affliction, quand il void que durant vne guerre continuë les loix deuiennent muettes, la Iustice se desaprend, les arts chomment, le commerce est suspendu : que la plus grande partie de son Royaume est desolée ; & que ce qui luy reste encore d'entier est exposé au pillage, à la mutinerie inconsiderée d'vne soldatesque impetueuse & estourdie, laquelle autrefois sous le declin de l'Empire Romain, se mit en possession du pouuoir de faire & défaire les Empereurs.

Ce n'est pas qu'il n'y ait des occasions, où ce seroit vne espece de lascheté de ne prendre point les armes, comme quand le droit des gens est violé dans la personne d'vn Ambassadeur qui represente directement celle de son Maistre. La guerre est alors legitime si la satisfaction n'est encore plus grande que n'est l'offence receuë: mais certes, pour la bien mesurer, ie voudrois que l'offencé se mist en la place de l'offençant, & qu'il se contentast de la satisfaction qu'il voudroit faire.

En vain vn Prince aura donné la paix à son Estat, fortifié ses frontieres, & mis sur pied quantité de gens de guerre pour en asseurer le dehors & le dedans, s'il ne peut en joüir pleinement : si auparauant il ne s'est rendu le maistre de ses vices, qui sont autant d'ennemis interieurs qui regnent sur luy ; & que ses sujets, qui ont chez eux ces mesmes ennemis domestiques n'en fassent autant. Pour paruenir à cette victoire, il faut que le Prince enseigne le premier à bien faire en bien faisant ; & que comme il est le plus grand en autorité, il le soit encore par son bon exemple.

L'innocence de la vie, en quoy consiste la paix de l'ame, se peut acquerir en deux manieres ; par exemple, & par habitude. Par exemple, sur la personne des Roys & sur celle de ses parens, qui feront de bonnes gens s'ils sont bons ; par habitude, en faisant distiller peu à peu dans l'ame des jeunes gens la douceur des commandemens de Dieu, qui ne sont en effet qu'vne expreffion verbale de la voix muette de nature, dont le cours eft doux & aifé ; & par confequent ils ne doiuent rien contenir qui foit au deffus de nos forces. Mon joug eft doux, & mon fardeau leger, dit le Seigneur; ce qui ne feroit point veritable fi nous ne le pouuions fupporter.

Cela eftant, ie ne fais point de doute qu'vn enfant, qui dés le laict fera efleué dans la pratique des commandemens de Dieu, par des parens qui feront gens de bien, & de bon exemple, ne faffe voir dans le progrez de fa vie la poffibilité de la loy de Dieu. Que fi par la nonchalance de fes furueillans, ou que pour n'auoir pas encore eu la capacité de faire le difcernement du vray bien, ou du vray mal d'auec le bien ou le mal, il s'eſcarte tant ſoit peu hors de la bonne voye, on le verra reuenir luy-meſme de ſon eſgarement, ſi-toſt qu'il aura reconnu par le trouble qu'aura excité en ſon ame l'appetit ou de la ſuperbe, ou de la deſbauche des femmes & du vin, ou de la haine, ou de l'auarice, ou de l'enuie, que toutes ces choſes ne ſont que des biens apparens & trompeurs; alors la laideur du vice, & ſon illuſion, à laquelle il aura donné quelque complaiſance, & le reſſentiment qu'il aura dans l'ame de ſa morſure & de ſa cuiſſon, fera que pour la guerir il l'écraſera, comme le ſcorpion, ſur la playe meſme qu'il aura faite.

Il eſt certain que la ſeule conſideration de la difformité du vice,

& de tous les maux qui font de fa fuite, & que la componction qui confole le cœur, qui eft le criminel, en le chaftiant, eft le moyen le plus feur pour remettre vne ame en la bonne voye. Toutes les autres aufteritez qui prennent le change, en puniffant le feruiteur pour les fautes du maiftre, contriftent pluftoft l'ame en affligeant le corps qui eft fon affocié, qu'ils ne la rendent meilleure.

Nous autres qui fommes vn peu plus materiels, laiffons l'vfage de ce ragouft & de cét entremets de deuotion à ceux qui l'aiment, fans en condamner la pratique, & voyons s'il n'y a point de voye moins efpineufe, & plus conforme à noftre nature que celle-là.

Cherchons dans la malignité

du peché le sujet de nostre auersion contre luy; voyons quel peut estre le contentement de celuy qui brusle d'vn feu que ses concupiscences ont allumé; & si celuy qui porte auec soy la puanteur de sa prison, & la pesanteur de ses fers, & qui sent en soy-mesme son bourreau peut estre heureux. Cela fait, tournons le reuers de la medaille, & voyons en son jour la beauté de l'innocence de la vie, nous trouuerons qu'elle n'est ny chagrine, ny hargneuse, ny jalouse, ny inquiete, ny injurieuse à quoy que ce soit; au contraire, qu'elle est douce & tranquille, enjoüée, officieuse & moderée en toutes choses. Elle joüit sans excez de tous les biens que Dieu luy presente par les mains de la nature; elle en vse sans en abuser. Enfin on peut par son moyen aller au Ciel par le Paradis terrestre, taschons donc de l'acquerir si nous y voulons aller, & posseder nos ames en paix.

Dans le tissu de cét Ouurage j'ay tenu toûjours en main, autant qu'il m'a esté possible, le fil de la conduite de nature, pour ne m'esgarer point dans le dessein que j'ay eu de rechercher jusques dans sa source l'origine de toute bonne police, & sur tout de l'autorité Royale, qui est la plus parfaite de toutes. I'ay fait voir de proche en proche, depuis la premiere societé, qui fut celle du corps auec l'ame, jusques à la derniere, qui fut celle du sujet & du Prince, que quoy que la partie superieure ait deu auoir sur l'inferieure quelque autorité, elle n'est pas si soûmise qu'elles ne s'entretiennent d'vne liaison si necessaire, qu'elles ne puissent ny se conceuoir, ny subsister l'vne sans l'autre. L'homme n'est homme qu'en l'vnion de l'ame & du corps; le mary & la femme, le pere & le fils, le Prince & le sujet sont autant de conditions qui n'ont estre qu'en leur relation. De sorte que si nostre sujction enuers le Prince est selon nature, il nous doit sa protection selon la mesme nature, par la necessité des reciproques.

Ie ne doute point qu'il n'y ait quelque chose qui ne soit pas assez juste dans le rapport que j'ay voulu faire du bon gouuernement d'vn Estat auec celuy de nature, attendu que le mouuement de l'vn est regulier, & que celuy de l'autre ne l'est pas. Mais comme il y a eu peu de gens qui ayent recherché les raisons de la police jusques dans ses premiers elemens, j'estime que ie suis plus excusable d'auoir osé mettre au jour ce que ie me suis imaginé de voir dans vn abysme qui est si profond, que de m'estre mis à la queuë de ceux qui ont escrit sur cette matiere; & transcrire en mon rang, comme ils ont fait, l'opinion de ceux qui les ont deuancez.

FIN.

www.ingramcontent.com/pod-product-compliance
Lightning Source LLC
Chambersburg PA
CBHW070856300426
44113CB00008B/859